ALLE WANDERUNGEN AUF EINEN BLICK

TOUR 1: IM MÄRCHENWALD — 7
Der Veldensteiner Forst
16,3 km | 130 Hm | 4,5 Std. | Rundweg

TOUR 2: STEINERNE STADT — 17
Im Wellucker Wald
10,7 km | 210 Hm | 3 Std. | Rundweg

TOUR 3: HIMMEL UND HÖLLE — 25
Die Mitte des Naturparks
13,3 km | 390 Hm | 5 Std. | Rundweg

TOUR 4: WACHOLDERWIESEN — 35
Pottensteins stiller Westen
15,8 km | 260 Hm | 4,5 Std. | Rundweg

TOUR 5: ZUR FEE IM FELSEN — 45
Über dem Wiesenttal
9,8 km | 390 Hm | 3,5 Std. | Rundweg

TOUR 6: HEILIGER BERG — 55
Die Ehrenbürg bei Forchheim
8,6 km | 240 Hm | 2,5 Std. | Rundweg

TOUR 7: IM GOTTESGARTEN — 63
Der hohe Norden des Naturparks
16,4 km | 440 Hm | 4,5 Std. | Rundweg

TOUR 8: WILDES MITTELALTER — 71
Burg Neideck bei Streitberg
6,6 km | 240 Hm | 2,5 Std. | Rundweg

TOUR 9: FRÜHLINGSERWACHEN — 79
Zur Lillachquelle
14,6 km | 390 Hm | 4,5 Std. | Rundweg

TOUR 10: GIPFELGLÜCK — 89
Im Süden des Naturparks
13,7 km | 300 Hm | 4 Std. | Rundweg

TOUR 11: VON BURG ZU BURG — 99
Durch Betzensteins Wälder
13,2 km | 300 Hm | 4 Std. | Rundweg

TOUR 12: HÖHLENWELTEN — 109
Romantisches Ahorntal
6,37 km | 140 Hm | 2 Std. | Rundweg

TOUR 13: FELSGEHEIMNISSE — 119
Der raue Osten des Naturparks
7,7 km | 260 Hm | 2,5 Std. | Rundweg

TOUR 14: GRENZGÄNGER — 129
Die Wälder Obertrubachs
10,3 km | 180 Hm | 3 Std. | Rundweg

TOUR 15: SOMMERFARBEN — 139
Das idyllische Aufseßtal
15 km | 300 Hm | 4,5 Std. | Rundweg

TOUR 16: DRUIDENZAUBER — 147
Hochfläche bei Muggendorf
8,75 km | 210 Hm | 2,5 Std. | Rundweg

TOUR 17: STOCK UND STEIN — 155
Wunderschönes Trubachtal
12 km | 320 Hm | 4 Std. | Rundweg

TOUR 18: IM PARADIES — 165
Zur Quelle der Wiesent
13,9 km | 130 Hm | 4 Std. | Rundweg

TOUR 19: BIBER UND APOLLO — 175
Im Kleinziegenfelder Tal
6,8 km | 120 Hm | 2 Std. | Rundweg

TOUR 20: TAL DER TUMMLER — 183
Durchs Leinleitertal
9 km | 200 Hm | 2,5 Std. | Rundweg

Walpurgis-Kapelle am Abend

Liebe Wandersleute und Naturfreunde,

ob der Gottesgarten an der nördlichen Naturparkgrenze, die Burg Hohenstein im Süden, die Ehrenbürg im Westen oder die Felsgeheimnisse im Osten des Naturparkes: Sie alle eint die rau-romantische Karstlandschaft mit ihren Höhlen, Felstoren und Burgruinen über idyllischen Tälern, eingebettet in einer kleinräumigen und vielfältigen Umgebung aus Buchenwäldern, Magerwiesen und Wacholderheiden. Wir besuchen die Fee im Felsen auf der Hochebene bei Muggendorf und genießen grandiose Fernsichten, erklimmen einsame Burgruinen in Betzensteins Wäldern, staunen immer wieder über gewaltige und filigrane Felstore, durchstreifen endlos scheinende Wälder zur Steinernen Stadt und den Eislöchern und genießen den Sonnenuntergang auf Pottensteins Wacholderhängen.

Bei den Touren werden landschaftliche und kulturelle Highlights mit ruhigen und wenig begangenen Pfaden kombiniert. Gößweinstein zum Beispiel wird nicht ohne Grund als spirituelle Mitte des Naturparks bezeichnet. Aber die Seele braucht auch Platz und Ruhe zum Sich-Entspannen, und die findet sie auf verträumten Pfaden abseits der Sehenswürdigkeiten.

Viel Freude beim Lesen, Wandern und Entdecken wünscht

Ihre Daniela Reisch

NATUR-INFO

KULTUR-INFO

TOUREN-/EVENT-INFO

GENUSS-INFO

Fliegenpilz im Märchenwald

- 16,3 Kilometer
- 130 Höhenmeter
- 4,5 Stunden
- Rundweg

Auszeittour 1

Im Märchenwald
Der Veldensteiner Forst

Für die heutige Wanderung packen wir die Rucksäcke besonders sorgfältig: Taschenlampe, aufgeladenes Handy, Wanderkarte, Kompass, Regenzeug, ausreichend Verpflegung und Getränke. Unser Ziel ist der Veldensteiner Forst, eines der größten zusammenhängenden Waldgebiete Bayerns, und es gibt weit und breit keine Einkehrmöglichkeit. Es stehen 100 Prozent Wald auf dem Programm, ohne Straßen, ohne menschliche Siedlungen.

Am besten erreicht man den Veldensteiner Forst mit dem Auto. Wir parken auf dem großen Parkplatz vor dem **Wildgehege Hufeisen ❶**, das von den Bayerischen Staatsforsten geführt wird und ein beliebtes Ausflugsziel für Familien ist.

Uns ist eher nach Waldeinsamkeit zumute, also nehmen wir den **Wanderpfad „Roter Ring"**, der zwischen Straße und Parkplatz beginnt, quer über das Gelände der ehemaligen Waldschänke und dahinter in den Wald führt. Nach kurzer Strecke quert er die Verbindungsstraße Pegnitz–Plech, die einzige Straße, die dieses Waldgebiet durchschneidet. Auf der anderen Straßenseite folgen wir dem Rotring, der sich durch duftenden, lichten Kiefernwald schlängelt.

Namensgeber für den **Veldensteiner Forst ❷** ist die gleichnamige Burg in Neuhaus a. d. Pegnitz. Von dort wachten die Bamberger Fürstbischöfe jahrhundertelang über das Waldgebiet – ein Grund, warum es bis heute in seiner Größe erhalten bleiben konnte. Seit 1810 gehört das Areal dem Staat.

Der Veldensteiner Forst erstreckt sich auf etwa 70

Die Ursprünge von Burg Veldenstein liegen im 11. Jahrhundert. 1950 wurde der Freistaat Bayern Eigentümer der prächtigen Burg und stellte sie unter Denkmalschutz. Zurzeit wird sie saniert. Es steht noch nicht fest, wann sie wieder besichtigt werden kann.

Auszeittour 1

Die ausgereiften grünen Nadeln der Fichte enthalten viel ätherisches Öl, Bitter- und Gerbstoffe sowie Harze, Vitamin C und Limonen, die für den frischen Geschmack zuständig sind.

Quadratmeter, östlich begrenzt von der Pegnitz, westlich von der A9, südlich sind die Ortschaften Plech und Neuhaus, nördlich schließlich Pegnitz. Es dominieren Nadelbäume wie Fichte und Kiefer, die Brotbäume der Forstwirtschaft, mit einem Unterwuchs aus Heidekraut, Heidelbeeren und Moos. Nur im Buchgraben erhalten wir später einen Eindruck, wie dieser Wald einmal aussah und wieder aussehen könnte.

Welche Tiere uns in diesem Waldland wohl begegnen könnten? Neben Rehen, Wildschweinen und Füchsen, die sich als typische Kulturfolger dem stillen Wanderer gerne mal präsentieren, dürfen wir hier auf den Anblick von Rotwild hoffen.

Unser erstes Highlight der Tour sind die **Eislöcher** ❸, eine Kette von drei Einsturzdolinen, die unterirdisch durch einen Gang verbunden sind, der in eine noch intakte Höhle führt. Ihren Namen verdanken sie den winterlichen Eiszapfen und Eis-Stalagmiten, die sich durch das Höhlenklima bis ins Frühjahr hinein halten können. Die hintere Höhle ist ein Fledermauswinterquartier, weshalb wir von Ok-

Eislöcher

Der Veldensteiner Forst

 Für die Seele

In den endlos grünen Weiten des Waldes kommt unsere Seele schnell zur Ruhe. Wir hören nur Vogelgezwitscher und den Wind. Zeit spielt keine Rolle.

Kleiner Lochstein

tober bis April darauf verzichten, sie zu betreten. Es gibt zwei Abstiegsmöglichkeiten in die Eislöcher: Einmal durch den ersten Einsturztrichter, hier heißt es auf die Knie und eine kurze Bückstelle überwinden, bevor der Gang wieder höher wird. Oder durch die zweite Doline, wo sich aus Baumwurzeln und Steinen eine Art Treppe gebildet hat. Vor allem bei Regennässe ist hier Vorsicht geboten.

Wir sind gefangen vom Sonnenlicht, das durch die Trichter fällt, vom Licht- und Schattenspiel. Der Weg hinunter zur Höhle ist abschüssig und lehmig, im geräumigen Höhlenraum „übertagt" eine kleine Fledermaus, wir schleichen leise wieder heraus, wollen in niemandes Schlafzimmer herumtrampeln.

Wieder am Tageslicht nimmt uns der Rotring über weiche, einsame Waldpfade mit zum **Kleinen Lochstein** ❹, einem pilzförmigen Felsen, in dessen Fuß sich eine Durchgangshöhle befindet.

Rezept Fichtensalz: Eine Handvoll getrockneter Fichtenspitzen oder -nadeln mit einem Drittel grobem Salz in einer Moulinette so lange mahlen, bis ein hellgrünes Salz entsteht. Schmeckt zitronigfrisch und eignet sich zum Würzen von Fisch, Geflügel, Salat und Rohkost.

Auszeittour 1

Der Veldensteiner Forst präsentiert sich völlig anders als der Rest des Naturparkes Fränkische Schweiz-Frankenjura. Wir durchwandern eine Waldlandschaft ohne nennenswerte Steigungen. Unter unseren Füßen befinden sich Ablagerungen aus der Kreidezeit, welche die darunter liegenden Karstformen überdecken. Nur hin und wieder blitzen diese hervor, zum Beispiel in Form des Kleinen und Großen Lochsteins, bei den Eislöchern und anderen Geotopen, an denen wir noch vorbeikommen.

Wir stoßen auf einen Forstweg und folgen diesem links (südlich) zum Großen Stern mit Bäumchen und Ruhebank, wo sich sechs Waldwege treffen. Die Ausschilderung ist perfekt und wir marschieren weiter Richtung Norden zum Großen Lochstein. Diese Etappe ist ein wenig „Waldautobahn", wir nehmen das gelassen und genießen die Abgeschiedenheit und den Geruch von Bäumen und Harzen, spähen immer mal wieder ins Unterholz, ob da nicht doch irgendwo ein Reh oder Hirsch bewegungslos verharrt?

Am Ende der Strecke erwartet uns ein mächtiger Felsturm. Der **Große Lochstein** ❺ zählt zu Bayerns 100 schönsten Geotopen. Er bildet das solitär stehende Ende einer Riffformation aus der Jurazeit, durchbrochen von einem etwa 10 Meter breiten und langen

Fliegenpilze

Der Veldensteiner Forst

Tor. Seine Form bildete sich vor über 100 Millionen Jahren im tropischen Klima durch Verwitterung heraus. Später wurde er durch Sandablagerungen verschüttet und so konserviert. Erst durch Abtragung der Sedimente kam er wieder ans Sonnenlicht und verändert sich nun kontinuierlich.

Weiter geht es mit dem Rotring Richtung Südosten bzw. rechts entlang. Die Forstwege sind wir leid, deshalb tauchen wir wieder im Wald unter: Nach etwa 300 Metern zweigt rechts ein unmarkierter Waldweg ab, der sich nach wenigen Metern wieder gabelt. Wir nehmen die undeutlichere linke Gabel und kommen am Kleinen Stern heraus, wo sich erneut sechs Wege treffen. Unserer ist der südlich verlaufende, als Fahrradweg ausgewiesene breite Forstweg, der eine Abzweigung Richtung Fischstein links liegen lässt und nach rund 500 Metern auf einen kreuzenden Waldweg trifft.

Großer Lochstein

Rechts von uns im Wald verbirgt sich eine weitgehend unbekannte Besonderheit: die **Taubennest-Ponor-Doline** ❻. Wir laufen den Weg etwa 30 Meter hinein, biegen dann rechts in eine alte Rückegasse ab und erreichen nach 50 Metern einen riesengroßen Krater im Waldboden, der sich auf einem schmalen Pfad umrunden lässt. Die Taubennest-Ponor-Doline zählt zu den größten Dolinen der Frankenalb. Auf ihrem Grund führt eine Versturzhöhle weiter in die Tiefe. Als „Ponor" bezeichnet man ein sogenanntes Schluckloch oder einen Wasserschlinger, das Gegenteil einer Quelle. Ein Ponor nimmt das Niederschlagswasser der umliegenden Landschaft auf, um es unterirdisch dem nächsten Fluss zuzuführen.

Dolinen sind trichterförmige Vertiefungen im Boden, die durch Einsturz (Eislöcher) oder allmähliche Lösung des Gesteins entstehen können. In ihrer Größe sind sie sehr variabel und im Veldensteiner Forst sind sie besonders häufig.

Hier lassen wir uns für die erste Rast im weichen Moos nieder, packen Brotzeit und Getränke aus und

Auszeittour 1

genießen die unglaubliche Ruhe und Harmonie im Herzen des Waldes, weitab von Menschen und Hektik.

Wieder an der Wegkreuzung und auf dem Forstweg schlendern wir weiter Richtung Süden. Links des Weges gibt es viel zu sehen. Ein idyllischer See, der einzige im ganzen Forst, mit Seerosen bedeckt. Nach einer Linkskurve erscheint ein Felsmassiv mit der Hochrückenponorhöhle, noch ein Stück weiter die Hochrückenfelsengrotte. Bei der nächsten Gabelung biegen wir links ab, bei der nächsten Kreuzung weiter geradeaus.

Jetzt schärfen wir unsere Augen für den erst auf den zweiten oder dritten Blick erkennbaren Kegelkarst, der sich links im Wald erstreckt. Spitze Felskegel mit schroffen Flanken und Türmchen, alles mit Moos und Farnen überwachsen, reihen sich aneinander.

Nach der nächsten Linkskurve erhebt sich vor uns ein weißes Felsmassiv, darin gebettet der Höhleneingang zum Silberloch, das durch einen steilen Pfad erobert werden kann.

Kurz darauf erkennen wir einen bizarren kleinen **Felsbogen** ❼, amtlich bezeichnet als Torbogen bei Fischstein. Form und Größe erinnern an einen Elefanten.

Noch etwa 1 Kilometer weiter gelangen wir ins **Pegnitztal** und treffen wieder auf den Rotring. Hier bietet sich ein Abstecher zur Seeweiherquellgrotte an, der sich aber nur in der regnerischen, laublosen Jahreszeit lohnt. Im Hochsommer ist der Platz durch meterhohen Wildwuchs kaum zu erreichen und dann, die Klimaerwärmung lässt grüßen, ist der Weiher oftmals ausgetrocknet.

Aber es ist zeitiges Frühjahr und wir biegen scharf links in die Talauen ab.

Silberloch

Der Veldensteiner Forst

Rechts des Weges plätschert die junge Pegnitz, die wir erst mal überqueren. Ab jetzt geht es unmarkiert und dem Gefühl nach weiter. Wir laufen nach links über eine Wiese, an einem Schilfgürtel vorbei bzw. etwas hindurch und halten auf eine Felswand zu. Nach dem Schilfgürtel öffnet sich der Blick auf den Seeweiher mit seiner **Seeweiherquellgrotte 8.** An diesem verwunschen wirkenden Platz verweilen wir etwas.

Bei der Seeweiherquellgrotte am Fuß der Felswand handelt es sich um ein weiteres geologisches Phänomen, dem wir nur im Karst begegnen. Sie funktioniert je nach Wasserstand als Quelle oder Ponor, der Fachbegriff dafür ist Estavelle. Wasseruntersuchungen haben ergeben, dass diese Estavelle das Wasser unter anderem in die tiefer gelegene Püttlach weiterleitet.

Buchgraben

Zurück zur Abzweigung, wo der Rotring grob von West nach Ost verläuft. Wir wollen aber wieder die totale Waldeinsamkeit genießen und nehmen an der gegenüberliegenden Gabelung den unmarkierten Forstweg, der westwärts sanft bergauf geht, sich oben mit einem weiteren unmarkierten Weg trifft. Wir zweigen dort links ab und werden in sanften Kurven in den **Buchgraben 9** geführt, dem schönsten Trockental des Veldensteiner Forstes.

Die Veränderung beginnt allmählich. Zunächst fallen uns Hänge mit Rotbuchen auf, die wie Bonsaibäume verformt sind. Ein Stück weiter haben die Buchen es geschafft. Angenehme Kühle und Schatten umhüllen uns. Links und rechts erheben sich bizarre Felsriffe, wie wir es aus der typischen Fränkischen Schweiz kennen, dazwischen ein Buchenmischwald mit alten Baumriesen, teils von Zunderschwämmen

Auszeittour 1

besiedelt, teils von Wind, Wetter und Alter gefällt. Eine märchenhafte Landschaft, die uns erahnen lässt, wie dieser Wald – oder der europäische Wald generell – vor der menschlichen Besiedlung ausgesehen haben könnte.

Viel zu schnell ist diese Etappe zu Ende, an einer Kreuzung teilen sich die Wege.

Wir gehen geradeaus auf dem Radweg, bis wir zur **Reutersteighöhle** kommen, eine rund 2 Meter hohe Grotte mit Deckenloch. Danach führt uns der Rote Punkt sicher durch den Wald zurück. Als wir wieder an der Verbindungsstraße Plech–Pegnitz stehen, kurz vor dem Parkplatz, sind wir müde, aber glücklich. Es ist, als ob wir aus einer fernen grünen Welt wieder im Hier und Jetzt landen.

Alles auf einen Blick

Entspannung ✸✸✸✸✸
Genuss ✸✸✸✸✸
Romantik ✸✸✸✸✸

WIE & WANN:
Breite Forstwege, dazwischen schmale Waldpfade. Im Sommer kann es auf den Forstwegen heiß werden, deshalb am besten im Herbst, Winter oder Frühling losgehen.

HIN & WEG:
Auto: Parkplatz Wildgehege Hufeisen, Forsthaus Hufeisen 1, 91257 Pegnitz (GPS 49.698618, 11.494547)
ÖPNV: Keine empfehlenswerten Verbindungen

ESSEN & ENTSPANNEN:
Rucksackverpflegung einpacken.

ENTDECKEN & ERLEBEN:
Wildgehege Hufeisen ❶ Forsthaus Hufeisen 1, 91257 Pegnitz
Veldensteiner Forst ❷
Eislöcher ❸
Kleiner Lochstein ❹
Großer Lochstein ❺
Taubennest-Ponor-Doline ❻
Felsbogen im Kegelkarst ❼
Seeweiherquellgrotte ❽
Buchgraben ❾

- ❄ 10,7 Kilometer
- ❄ 210 Höhenmeter
- ❄ 3 Stunden
- ❄ Rundweg

Steinerne Stadt

Auszeittour 2

Steinerne Stadt
Im Wellucker Wald

Waldbaden ist gerade in aller Munde. Heute nehmen wir ein Entspannungsbad im Grün des **Wellucker Waldes** zwischen Auerbach und Neuhaus a. d. Pegnitz, am südöstlichen Rand des Naturparkes Fränkische Schweiz-Frankenjura. Der Wellucker Wald ist der südlichste Zipfel des Veldensteiner Forstes, den wir in der Auszeittour 1 beschreiben.

Geparkt wird vor der **Maximiliansgrotte** auf dem Parkplatz des Gasthofes Grottenhof. Eine Einkehr heben wir uns für den Abschluss auf, für die geplante Wanderung haben wir unseren Rucksack mit einer Brotzeit und Getränken gefüllt.

Wir sind genau genommen schon mitten im Wald. Zunächst folgen wir den Stufen Richtung Schauhöhle, bis wir die Markierung „Grüner Punkt" entdecken, die uns zur Steinernen Stadt bringen wird. Kaum haben wir einen Forstweg überquert, führen moosig-krumme Steinstufen die **Weißingkuppe** ❶ hinauf.

Oben sitzen zwei schwere Dolomitbrocken auf zierlichen Füßchen, es sieht aus, als könnten wir sie mit einem sanften Schubser wegschieben. Links davon geht der Wanderweg durch einen moosbewachsenen Spaltengang. Wir fühlen uns ein wenig wie Alice im Wunderland, als ob am Ende des Ganges eine andere, fantastische Welt auf uns warten könnte.

So ist es auch. Der Pfad führt über die Kuppe, überrascht immer wieder mit bizarren Felsen, rechts tun sich senkrechte Klüfte auf, mit Eiben und Bergahorn bewachsen. Steinstufen machen einen Rechts-

Der Wellucker Wald ist als FFH-Gebiet ausgewiesen aufgrund seiner edellaubholzreichen Buchenwälder. Besondere Tiere sind hier Fledermäuse, wie die Mopsfledermaus, und Schmetterlinge, wie die Spanische Flagge.

Auszeittour 2

Zwei-Brüder-Felsen

bogen abwärts und wir bekommen Gelegenheit, die Weißingkuppe von unten zu bewundern.

Wieder ganz unten angekommen, liegt nach wenigen Metern rechts des Weges eine **Lösungsdoline ❷,** eine trichterförmige Bodenvertiefung. Regenwasser hat das Gestein von der Oberfläche her aufgelöst und ausgewaschen. Kurz darauf trifft der Pfad auf einen Forstweg, dem wir links entlang folgen, an der nächsten T-Kreuzung erneut links, nach etwa 20 Metern verschwindet der Grüne Punkt wieder als Pfad im Wald, quert die Verbindungsstraße Krottensee–B85 und schwingt sich hoch in die **Steinerne Stadt.** Eine kurze Steilstufe will bezwungen werden und wir stehen vor dem Wahrzeichen des Platzes, den **Zwei-Brüder-Felsen ❸.** Dabei handelt es sich um zwei Felstürme, die an zwei einander zugeneigte Köpfe mit Hälsen erinnern.

Die Steinerne Stadt ist in den Sommermonaten bei Sonnenschein ein beliebtes Ausflugsziel für Kletterer – wer der besonderen Stimmung des Ortes nachspüren möchte, legt seine Wanderung besser um die Stoßzeiten herum.

Das Areal drumherum ist es wert, näher erkundet zu werden. Zeit und Gezeiten haben aus dem Dolomit verwunschen wirkende Türme, Kuppen, Kleinhöhlen, Spalten und Felsdurchgänge geschaffen. In uns leuchten Erinnerungen an Märchen von versunkenen Schlössern und verfluchten Burgen auf. Wahrscheinlich braucht es nur ein Sonntagskind mit reinem Herzen zur richtigen Zeit mit dem richtigen Zauberspruch auf den Lippen,

Im Wellucker Wald

Für die Seele

Ob vor der Weißingkuppe oder dem Rabenfels: Wir denken über das Mysterium „Zeit" nach. Wie wird diese Landschaft in 150 Millionen Jahren aussehen?

Weißingkuppe

um das hier eingeschlossene Volk wieder zu erlösen. Wir sind uns ganz sicher!

An den Felsen entdecken wir eine vielfältige Felsspaltenvegetation, vor allem an Farnen: der Braune und Schwarze Streifenfarn, die Mauerraute, der Tüpfelfarn und sogar die sehr seltene und geschützte Hirschzunge.

Der Grüne Punkt führt in einem lang gestreckten Linksbogen um die Steinerne Stadt herum. Ziemlich am Ende lohnt sich ein Abstecher zur **Schönen Aussicht** ❹. Die ist zwar seit geschätzten 20 Jahren zugewachsen, außerdem nicht durch ein Geländer gesichert, aber das Felsriff davor erinnert an eine versteinerte Riesenwelle. Ein besonderer Ort.

Kurz bevor der Pfad sich abwärts neigt, erspähen wir links den **Waldkopf** ❺, einen der schwierigsten Kletterfelsen der Welt. Es gibt Kletterer, die hier ihren Jahresurlaub verbringen, um den Dolomitbrocken zu bezwingen.

Wir wandern lieber bodennah weiter. Auf halber Hanghöhe verlassen wir den Grünpunkt nach rechts auf einen relativ neu geschaffenen Forsteinschlag, der zu einem unmarkierten Forstweg wird, dem wir folgen, bis die Markierung „Rotes Kreuz" als Pfad kreuzt, die uns bis zur Eichenkreuzhütte begleiten wird. Wir folgen ihr zunächst nach rechts, vorbei am malerischen Felsgewirr des Schlawackenberges, landen im Trockental des Nesselgrundes und wenden uns nach links. Hier präsentiert sich zum ersten Mal der imposante Turm des **Rabenfelsens** ❻.

Der Tüpfelfarn, auch Engelsüß genannt, besiedelt hier gern die Felskuppen. Sein Geheimnis sind die Wurzeln, die dank des Inhaltsstoffes Osladin süß schmecken und in der Vergangenheit deshalb gern als Süßigkeitenersatz gekaut wurden.

Auszeittour 2

Parasolfelsen

Mit rund 40 Meter Höhe ist er der höchste Felsturm des Naturparkes und eine begehrte Herausforderung für Kletterer. Die müssen sich im Sommer jedoch in Geduld üben, denn seit einigen Jahren brüten hier Wanderfalken und das Gelände rund um den Felsen ist bis Mitte Juli gesperrt. Das Plateau haben schon die Kelten für kultische Handlungen genutzt, wie Untersuchungen von Tonscherbenresten am Fuß des Felsens ergeben haben. Wahrscheinlich wurden oben auch Feuer entfacht, um mit anderen Clans zu kommunizieren. Den Aufstieg bewältigten sie damals von der Rückseite her mit einem Baumstamm als Leiter.

Wir folgen dem Roten Kreuz, das vor dem Rabenfels rechts abbiegt, etwas aufwärts geht und dann rechts als Pfad im Wald verschwindet. Sofort erscheinen die Felsen des Brunnsteinriffes zur Rechten. Die nächste Etappe ist eine Wohltat für Wandererfüße: Weicher, samtiger Waldboden, geeignet für eine Barfußstrecke bei passenden Temperaturen. Wir können nicht widerstehen, befreien die Füße von Schuh und Socke und wandern barfüßig weiter. Rechts tauchen die beiden **Parasolfelsen** ❼ auf, eine Karstform, die uns immer mal wieder im Naturpark begegnet (siehe Teufelstisch und Paradiestal, Verwöhntour 9 und Erfrischungstour 18).

Erneut auf einem breiten Forstweg halten wir uns rechts, passieren eine neue Waldarbeiterhütte und haben kurz danach unseren Rastplatz erreicht. An einer Wegkreuzung im Wald steht die kleine **Eichenkreuzhütte** ❽, die auch bei Regenwetter eine trockene Brotzeit möglich macht. Gegenüber steht das namensgebende Kreuz mit einer Sitzgruppe. Da die Sonne scheint, lassen wir uns dort nieder und genießen unsere Brotzeit am schönsten Platz der Erde, irgendwo mitten im Wald.

Im Wellucker Wald

Den Rückweg beginnen wir, indem wir zur Waldarbeiterhütte zurückgehen und auf dem breiten, unmarkierten Forstweg Richtung Südwesten bleiben. Dabei kommen wir am **Buchendenkmal** ❾ vorbei. Wie ein gestrandeter Riesenwal liegt dort der mit Zunderschwämmen übersäte Stamm der mit 300 Jahren mutmaßlich ältesten Buche des Waldes. Ein passender Ort, um innezuhalten und nachzurechnen. Was passierte vor 300 Jahren auf unserem Planeten? Wie weit waren Wissenschaft, Fortschritt und Emanzipation? Wo und wie waren unsere Ahnen wohl unterwegs?

Nach einer Linkskurve sind wir einmal im Kreis gelaufen. Links geht es in den Wald zum schon bekannten Brunnstein. Diesmal biegen wir rechts ab, um hinter dem Rabenfels auszukommen, wo eine Wetterschutzhütte steht. Ein schmaler, steiler Pfad führt in den Nesselgrund, dem wir rechts/westwärts folgen bis zum Waldrand. Hier haben wir das erste Mal freie Sicht auf Felder und Himmel. Es ist tatsächlich ein Gefühl, als komme man von einer Dschungeltour und erhasche wieder einen Blick auf Zivilisation.

Wir gehen erneut rechts/südlich auf einem breiten Forstweg, der unaufhaltsam in den Wald führt.

Zum Abschluss der Wanderung lohnt sich ein Besuch der Maximiliansgrotte, einer urtümlichen Tropfsteinhöhle mit dem Eisberg, Deutschlands größtem Tropfstein. Sie befindet sich direkt oberhalb des Parkplatzes. Öffnungszeiten beachten.

Vogelherdgrotte

Auszeittour 2

Nach kurzer Zeit zweigt rechts ein reich beschilderter Pfad ab. Wir haben erneut unser Rotes Kreuz, das vor lauter Wiedersehensfreude einen steilen Hüpfer zur **Vogelherdgrotte** ❿ vollführt. Tatsächlich wurde die imposante Durchgangshöhle in der Vergangenheit von Vogelfängern als Fangplatz genutzt.

Kurz hinter der Vogelherdgrotte macht unser Rotes Kreuz einen scharfen Linksknick, eine kurze Steilpassage mündet im Wald auf Straßenhöhe, die wir queren. Auf der anderen Seite führt der Weg nochmal im Zickzack durch den Wald, um hinter dem Gasthof Grottenhof wieder herauszukommen.

Zurück am Parkplatz runden wir den Tag mit einem Besuch in der Maximiliansgrotte und einer Stärkung im **Gasthof Grottenhof** ⓫ ab.

Der im Grottenhof erhältliche Grottenkäse ist ein Hartkäse aus Kuhmilch, geräuchert und mindestens 10 Wochen in der Maximiliansgrotte gereift. Die Milch dazu liefern Bauern aus der Region. Die Spezialität gibt es in verschiedenen Geschmacksrichtungen.

Alles auf einen Blick

Entspannung ✶✶✶✶✶
Genuss ✶✶✶✶✶
Romantik ✶✶✶✶✶

WIE & WANN:
Überwiegend naturbelassene Waldpfade, kurze Stücke Forstweg.
Zu allen Jahreszeiten schön. Im Winter ist die Maximiliansgrotte geschlossen.

HIN & WEG:
Auto: Parkplatz vor der Maximiliansgrotte, Krottensee, 91284 Neuhaus a. d. Pegnitz
(GPS 49.628519, 11.589164)
ÖPNV: Bus 452 zwischen Neuhaus a. d. Pegnitz Bf. und Auerbach (Mo.–Fr.),
Auerbacher Erz-Express 339 (Sa.–So.)

ESSEN & ENTSPANNEN:
Rucksackverpflegung einpacken.
Gasthof Grottenhof ⓫ Krottensee, 91284 Neuhaus an der Pegnitz, Tel. (0 91 56) 4 34

ENTDECKEN & ERLEBEN:
Weißingkuppe ❶
Lösungsdoline ❷
Steinerne Stadt, Zwei-Brüder-Felsen ❸
Zur Schönen Aussicht ❹
Waldkopf ❺
Rabenfels ❻
Parasolfelsen ❼
Eichenkreuzhütte ❽
Buchendenkmal ❾
Vogelherdgrotte ❿

- 13,3 Kilometer
- 390 Höhenmeter
- 5 Stunden
- Rundweg

Hydraulischer Widder

Auszeittour 3

Himmel und Hölle
Die Mitte des Naturparks

Burg und Basilika

Hoch über dem Wiesenttal liegt Gößweinstein. Wir parken links neben dem Haus des Gastes im Zentrum des Luftkurortes. Der erste Abstecher gilt dem **Wagner-Pavillon** ❶. Den herrlichen Aussichtspunkt auf 450 Meter ü. NN mit Rundumblick über die zentrale Fränkische Schweiz erreichen wir über eine Treppe, die auf der anderen Seite des Gebäudes den Berg hinaufführt. Angeblich inspirierten die Landschaft und die Burg Gößweinstein den Komponisten Richard Wagner zur Gralsburg im Parzifal.

Für den Weg zur Basilika **Gößweinstein** ❷ ist keine Ausschilderung notwendig. Sie strahlt inmitten des Ortes und ist in wenigen Gehminuten erreicht. Im 11. Jahrhundert stand hier eine kleine Kapelle, die im Mittelalter zu einer geräumigen Kirche umgebaut wurde. Dem Ansturm der Wallfahrer konnte das

Burg Gößweinstein ist eine Gipfelburg, rund 100 Meter höher gelegen als der Ort. Sie wurde wohl um 1000 n. Chr. durch Graf Gozwin vom Grabfeldgau erbaut. Aktuell ist sie in Privatbesitz. Das Burgverlies und das Romanische Zimmer können besichtigt werden.

Auszeittour 3

Kirchlein nicht standhalten, so wurde erweitert und improvisiert, bis erst im 18. Jahrhundert die heutige Basilika von Balthasar Neumann entworfen wurde. Das barocke Gnadenbild im Inneren ist immer noch Ziel unzähliger Wallfahrer. Anschließend laufen wir weiter zum rückwärtigen Bereich, verlassen den Heiligen Bezirk durch einen Torbogen auf die Straße, wenden uns nach rechts und wieder rechts. Jetzt geht links ein steiler, ausgeschilderter Pfad hinauf auf den **Kreuzberg mit Hochkreuz** ❸. Von hier öffnet sich eine weite Sicht auf den Markt Gößweinstein mit Basilika und Burg sowie die umliegenden Wälder und Felsen. Wir bleiben auf dem lindengesäumten Kreuzweg, der auf der Ludwigshöhe einen Bogen um den Ort beschreibt. Ziemlich in der Mitte, bevor es hinab zur Theaterhöhle geht, zweigt links ein Wanderweg ab („Walli-Maus" und „Roter Ring"). Wir folgen dem **Roten Ring** durch smaragdgrünen Buchenwald mit verwunschen wirkenden Felsen bis zum nächsten Aussichtspunkt, dem **Bärenstein** ❹. Steile Stufen gilt es zu überwinden, um in den Genuss einer wieder anderen Perspektive auf den Wallfahrtsort zu kom-

Kreuzberg mit Hochkreuz

Die Mitte des Naturparks

Für die Seele

Von der Esperhöhle und dem Schlossberg fühlt sich unsere Seele magisch angezogen. Ob sie spürt, dass hier viel menschlich Intensives stattgefunden hat?

men. Im zeitigen Frühjahr entlohnen ganz oben zähe Blümchen wie der Alpenzwergbuchs und das Felsenhungerblümchen mit fröhlichem Gelb für die Mühe.

Vom Bärenstein müssen wir wieder hinunter auf den Wanderweg Roter Ring, der südwärts einer Teerstraße zustrebt. Hier verlassen wir die Markierung für die nächste Wegetappe. Auf der Teerstraße gehen wir rechts bis zur Verbindungsstraße Etzdorf–Gößweinstein, hier dann links **Richtung Etzdorf.** Kurz vor der Ortschaft geht rechts ein Feldweg ab, der gut 1 Kilometer über die Hochebene führt, bis er auf die Verbindungsstraße Leutzdorf–Gößweinstein trifft. Hier taucht auch die Markierung „Blauer Senkrechtbalken" auf; diesem Weg bleiben wir bis Burggaillenreuth treu. Ein Stückchen Straße bis nach **Leutzdorf** gilt es jetzt zu überwinden, wir laufen einfach über die Wiese neben der Straße.

Esperhöhle

 Auszeittour 3

Im Ortskern des verschlafenen Örtchens begegnet uns wieder ein Hüllweiher, typisch für die Dörfer der trockenen Hochebenen. Bevor fließendes Wasser zur Selbstverständlichkeit wurde, fing man Regenwasser in Hüllweihern auf. Es diente hauptsächlich als Viehtränke und Löschwasser, tatsächlich steht auch heute noch das Feuerwehrhäuschen direkt daneben.

Kurz nach Leutzdorf verschwindet der Blaue Balken im Wald, nach wenigen Minuten haben wir das Felsmassiv der **Esperhöhle** ❺ erreicht.

Die Esperhöhle ist eine der imposantesten, aber auch düstersten Höhlen des Naturparkes. Wir stehen zunächst in einer kesselförmigen weiträumigen Doline, umgeben von mehreren kleinen Grotten. Links öffnet sich ein Spalt im Felsen, gesichert durch ein Geländer. Hier geht es nahezu senkrecht hinab ins 25 Meter tiefe Klingloch. Grabungen förderten menschliche Schädelreste sowie Keramik und Bronzeschmuck aus der Keltenzeit zutage. Die Vermutung liegt nahe, dass es sich hier um einen Opferschacht handelte.

Ein Felsdurchgang führt in die hintere kleine Doline. Wir sind von turmhohen Felswänden umgeben, es ist halbdunkel selbst an diesem sonnigen Tag. Vorbei an Verbruchblöcken können Mutige etwas weiter hinabsteigen bis zu einem großen Felsklotz, hinter dem

Ringwall

Burggaillenreuth

der zweite Zugang zum Klingloch gähnt. Ungesichert. Hier ist Vorsicht geboten, es besteht Absturzgefahr!

Wir fühlen uns etwas beklommen in der kühlen Düsternis und können uns gut vorstellen, dass hier kultische Opferhandlungen stattgefunden haben. Die Angst scheint noch an den Felsen zu haften.

Zurück auf dem Wanderweg leitet der Blaue Balken weiter durch den Laubwald zum nahen **Schlossberg.** Wir verlassen den Blauen Balken, der direkt weiter nach Burggaillenreuth geht, und machen einen Schwenker auf das Plateau. Hier stand im Mittelalter eine Spornburg, von der bis heute Wallreste zu erkennen sind. Noch früher existierte hier ein **keltischer Ringwall ❻.** Im Gelände verteilte Tafeln informieren uns ausführlich über die Konstruktion und Bauweise der Anlage. Der Torbereich und die uralten Steinwälle sind heute noch erkennbar. Erst im Mittelalter waren die Menschen wieder in der Lage, so präzise zu planen und zu bauen.

Wir verlassen den Schlossberg über alte Steintreppen und Pfade auf der nördlichen Seite und landen auf einem Trampelpfad, der an der Hangkante entlang bis zur **Burggaillenreuth ❼** führt. Im 14. Jahrhundert war hier ein echtes Raubritternest, heute ist die

Auszeittour 3

Stempfermühlquelle

Der Eibenwald bei Gößweinstein ist der größte zusammenhängende Bestand Oberfrankens und gehört zu den größten Eibenwäldern Deutschlands. Er ist das Zuhause geschützter Tierarten wie Uhu, Wanderfalke und Feuersalamander.

Burg in Privatbesitz und beherbergt eine **Gaststube** sowie einen **Biergarten.**

Gut gestärkt machen wir uns auf den Rückweg, kehren zu unserem Trampelpfad zurück und zweigen am unteren Burgtor auf einen breiten Waldweg ab, der uns ohne Umstände direkt ins **Wiesenttal** führt. Hier treffen wir auf die Markierung „Rotes Kreuz", der wir immer der Wiesent flussaufwärts bis zur Stempfermühle folgen. Links von uns rauscht die Wiesent, auf der anderen Talseite spitzen immer wieder grauweiße Dolomitfelsen aus dem Wald, rechts von uns ist steiler Hangwald. Wir passieren die historische Wasserhebeanlage. Mit dem hydraulischen Widder wurde Burggaillenreuth bis 1927 mit Trinkwasser versorgt.

Es folgt die Sachsenmühle, allmählich wird der Hangwald zu unserer Rechten immer düsterer. Rotbuchen weichen dunklen Eibengestalten. Wir laufen

Die Mitte des Naturparks

unterhalb des Naturschutzgebietes Eibenwald bei Gößweinstein, doch dazu später mehr.

Das Gebäude der Stempfermühle wurde bis vor Kurzem noch gastronomisch genutzt, zurzeit bleibt die Küche aber kalt. Uns interessiert sowieso die **Stempfermühlquelle** ❽ viel mehr. Mit einer Schüttung von 500–600 Liter pro Sekunde ist sie die stärkste Quelle des Naturparkes. Selbst in Trockenperioden schwankt die Schüttung nicht, ihr Einzugsgebiet muss riesig sein, vermutlich bis zum Veldensteiner Forst. Sie steht in direkter Verbindung mit der 1,6 Kilometer entfernten Fellner-Doline. Eigentlich sind es drei Quellen, zwei Sturzquellen und eine Topfquelle.

Hinter der Stempfermühle geht der Frankenweg aufwärts durch das Naturschutzgebiet und **Naturwaldreservat Eibenwald** ❾. Seit 1978 genießt das Gebiet diesen Schutzstatus und die Eiben dürfen sich ausbreiten. Eiben haben dunkle, weiche Nadeln und eine rötliche, blättrige Rinde. Alles an ihnen ist sehr giftig bis auf das Fruchtfleisch der roten Beeren. Sie wachsen langsam und können uralt werden. Den Germanen und Kelten waren sie heilig, im Mittelalter war ihr Holz für den Bogenbau so begehrt, dass sie nahezu ausgerottet wurden. Forstwirtschaftlich unrentabel und giftig für Nutztiere fristete die Eibe ein Schattendasein bis vor wenigen Jahrzehnten.

Eibenwald

Auszeittour 3

„Kren" wird die scharfe Meerrettichwurzel auf Fränkisch genannt. Die Fränkische Schweiz zählt zu Deutschlands größten Meerrettichanbaugebieten. Seit 20 Jahren gibt es die „Scharfen Wochen" im Oktober, in denen die Gastronomie delikate Krengerichte zaubert.

Der anfänglich steil aufsteigende Wanderweg geht in einen großartigen, wilden Felsensteig über. Aussichtsterrassen, Felsnadeln, Felsdurchgänge und riesige Felstürme bilden die Kulisse für die düsteren Eiben, umgestürzte Buchenriesen und Farne. Achtung, nicht Richtung Burg abbiegen, sondern unterhalb weiterlaufen. Ein beeindruckender Abschluss dieser Tour, die uns von der weißgoldenen barocken Pracht der Basilika bis zum schaurigen Abgrund des Klinglochs führte.

Eine letzte Wegbiegung und wir stehen auf dem Parkplatz neben dem Haus des Gastes. Wir wollen noch nicht heim und überlegen, wo in der reich gesäten Gastronomie in Gößweinstein wir den Wandertag ausklingen lassen.

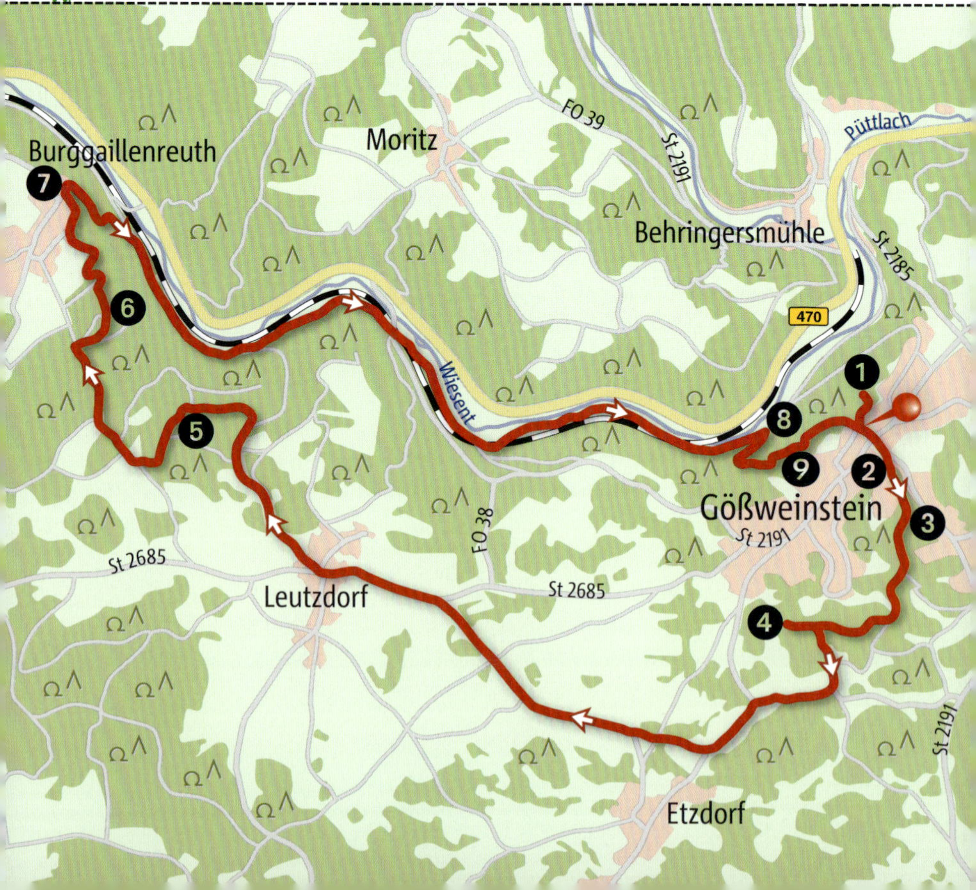

Alles auf einen Blick

Entspannung ✦✦✦✦✧
Genuss ✦✦✧✧✧
Romantik ✦✦✦✦✦

WIE & WANN:
Überwiegend gute Waldwege, manchmal Wurzelpfade, etwas Straße im Ort. Beste Jahreszeit ist das zeitige Frühjahr zur Blüte des Lerchensporns, empfehlenswert ist auch der Herbst mit den „Scharfen Wochen".

HIN & WEG:
Auto: Wanderparkplatz neben dem Haus des Gastes, Burgstraße 8, 91327 Gößweinstein (kostenfrei) (GPS 49.770713, 11.335841)
ÖPNV: Bus 389 bis Gößweinstein Freibad und Gasthof zur Post

ESSEN & ENTSPANNEN:
Burggaillenreuth ❼ Burggaillenreuth 5, 91320 Ebermannstadt, Tel. (0 92 42) 74 04 83

ENTDECKEN & ERLEBEN:
Wagner-Pavillon ❶
Basilika Gößweinstein ❷ Balthasar-Neumann-Straße 2, 91327 Gößweinstein
Kreuzberg mit Hochkreuz ❸
Bärenstein ❹
Esperhöhle ❺
Schlossberg und Ringwall ❻
Stempfermühlquelle ❽
NSG Eibenwald ❾

- 15,8 Kilometer
- 260 Höhenmeter
- 4,5 Stunden
- Rundweg

Brandknabenkraut

Auszeittour 4

Wacholderwiesen
Pottensteins stiller Westen

Der oberfränkische Luftkurort **Pottenstein** gilt als das Zentrum des Naturparkes Fränkische Schweiz-Frankenjura vor allem wegen seiner sogenannten „Erlebnismeile". Auf engem Raum reihen sich hier 21 Freizeiteinrichtungen aneinander: die durchaus sehenswerte Teufelshöhle, der Skywalk, die Sommerrodelbahn, Gastroeinrichtungen und mehrere Freibäder.

Abseits von diesem Rummel schlängeln sich ruhige, romantische Wanderwege durch eine Landschaft, die 2006 das Prädikat „Nationales Geotop" bekam. Das wollen wir heute genießen.

Wir parken in **Tüchersfeld** ❶, am ausgeschilderten Wanderparkplatz am nördlichen Ortsausgang. Die Häuser schmiegen sich eng an ein Schwammriff, das das Dorf umgibt. Durch die Kombination einer gewaltigen Dolomit-Felsburg mit den Fachwerkgebäu-

Doppeltes Felsentor

Auszeittour 4

den des Fränkische Schweiz Museums ergibt sich ein Bild, das zum Symbol für den Naturpark geworden ist und auf praktisch jedem Flyer zu sehen ist. Zu Recht zählt es zu Bayerns schönsten Geotopen und schürt unsere Vorfreude auf die heutige Tagestour.

Das Fränkische Schweiz Museum ist in der Unteren Burg untergebracht, in der bis 1860 jüdische Familien lebten. Erdgeschichtliches wird hier ebenso ausgeleuchtet wie die keltische Vergangenheit bis hin zu Brauchtum und Trachten.

Vom Wanderparkplatz unternehmen wir zunächst einen Abstecher zum **Fahnenstein** ❷, einem Aussichtspunkt, den man über steile, durch einen Felsdurchgang führende Eisentreppen erreicht. Unter der namensgebenden Fahne stehend, entfaltet sich ein herrlicher Blick auf die Ortschaft, den Innenhof des Fränkische Schweiz Museums, das Püttlachtal und die umliegenden Bergkuppen.

Nach diesem Appetizer gehen wir zurück zum Parkplatz und folgen von hier der Markierung „Grüner Punkt" bis nach Kleinlesau. Zunächst ein paar Meter Straße Richtung Rackersberg, dann biegen wir links in den **Tiefen Grund** ❸ ein. Das schattige Trockental überrascht uns mit drei Höhlen in der linken Bergflanke. Kurz nach Eintritt in den Wald erspähen wir

Felsenburg

Pottensteins stiller Westen

Für die Seele

Die Sonne taucht das Mariental in reizvolle grüne Schattenspiele, um uns herum summt und brummt es aus der Insektenwelt. Wir vergessen Zeit und Raum.

Orchideenwiese

das große Portal des **Kühloches,** zu dem ein mit Geländer versehener Pfad führt. Uns empfängt eine geräumige Felshalle mit einer weiteren Öffnung, die steil zum Tal abfällt. Weitere Gänge ziehen sich in die Tiefe. Wir nehmen auf der Ruhebank Platz und genießen die kühle Stille, überlegen, wie es sich früher wohl in so einer Höhle leben ließ.

Nach wenigen 100 Metern erscheint schon die **Silbergrubenhöhle** und kurz darauf geht der Wanderweg durch das **Pferdsloch,** eine hohe, schmale Durchgangshöhle.

Schon bald treffen wir auf die Verbindungsstraße Rackersberg–Kleinlesau, folgen dem Grünpunkt auf der anderen Seite durch Wald und Wiesen bis nach **Kleinlesau.** Dort halten wir uns rechts und satteln um

Auszeittour 4

auf den „Gelbring", der durch Buchenmischwald bis nach Haßlach führt. „Haßlach" gibt es im Fränkischen recht häufig. Der Name bedeutet so viel wie „Ort am Bach, an dem Haselstauden stehen" und die Endsilbe „ach" bzw. „aha" lässt auf einen sehr alten Ort schließen. In Haßlach wechseln wir auf den „Gelben Punkt", an dem wir uns bis zur Einkehr in Haselbrunn orientieren.

Ein kurzes Stück Landstraße, dann geht es wieder rechts durch Schatten spendenden Wald bis zu einer von Linden flankierten Kapelle mit Ruhebank. Es ist ein heißer Frühlingstag und wir nutzen die Gelegenheit für eine kurze Rast an diesem stillen, friedlichen Ort.

Der Gelbpunkt quert zwei Landsträßchen und einen Buchenwald, bevor er das **Naturschutzgebiet Entenstein** ❹ erreicht, das zu dem Konglomerat der Naturschutzgebiete „Trockenhänge bei Pottenstein" gehört.

Kühloch

Pottensteins stiller Westen

Gefranster Enzian

Graslilie

Sofort nimmt uns das ungewöhnliche Landschaftsbild gefangen. Die nach Süden exponierten Hänge sind waldfrei, nur bewachsen von zerzausten, alten Wacholderbüschen, unterlegt von den lilafarbenen Blütenteppichen des Wiesensalbeis. Dessen ätherische Öle duften um die Wette mit Thymian, Dost und Wacholderharzen. Wir sind uns sicher, ein tiefer Atemzug erspart mindestens einen Gang zum Arzt. Von Mitte Mai bis Mitte Juni blühen hier Orchideen wie das Brandknaben- und Helmknabenkraut sowie die Mückenhändelwurz. Im Spätsommer erscheinen Silber- und Golddisteln und verschiedene Enzianarten. An stark besonnten Stellen finden wir Küchenschellen und den Grauen Löwenzahn und auf den Felsköpfen verschiedenste Sedum-Arten, die Leibspeise der Apolloraupen.

Dieses Wegstück bis **Haselbrunn** legen wir besonders langsam zurück, damit uns nichts entgeht. Im Sommer – ab Juni/Juli – funkeln an den Hängen die Schmetterlinge mit den Blumen um die Wette. Biologen haben hier über 50 verschiedene Tagfalterarten

Als wüsste er um seinen Nutzen für müde Wanderer, trifft man sehr häufig auf ihn: den Beifuß. Zwischen Fußsohle und Socke gelegt, erfrischt und vitalisiert er die Füße, wie schon die Römer wussten. Auf die Haut gerieben ist er ein natürlicher Mückenschutz.

Auszeittour 4

gezählt, davon auch besonders gefährdete wie verschiedene Bläulings-Arten.

Viel zu schnell ist die Traumlandschaft zu Ende und entlässt uns nach Haselbrunn. Da es Sonntag ist, ist die **Forsterstube** ❺ geöffnet, wo Wild aus heimischer Jagd aufgetischt wird. Wir lassen uns diese delikate Speise schmecken, gut gelaunt von den bisherigen Eindrücken und mit Vorfreude auf das letzte gute Drittel der Tour.

Die geht weiter mit dem Gelbpunkt, gemächlich zwischen dem Haselbrunner Bach und der Landstraße, wechselt an der Kreuzung auf die andere Seite ins Marientaal. Der Namensgeberin ist weiter rechts auf der anderen Talseite eine Grotte gewidmet, ein Ergebnis der Lourdes-Verehrung um 1900 herum.

Wir erreichen einen Wanderparkplatz, queren an seinem Ende die Straße und nehmen einen unmarkierten Wanderweg, der uns wieder bergauf durch

Naturschutzgebiet bei Pottenstein

Pottensteins stiller Westen

das **Naturschutzgebiet Schrottenberg** ❻ führt. Oben angekommen, erscheint aus dem Nirgendwo die Markierung „Grünpunkt", der wir südwärts teils über die Wacholderhänge folgen, teils aber auch nach Lust und Laune auf die Trampelpfade abweichen. Unterhalb der Wegführung gähnt das Schwalbenloch, eine imposante Höhle über dem Mariental, von unserer Position aus aber nur für Schwindelfreie und Trittsichere zu erreichen.

Die Trockenhänge leuchten je nach Jahres- und Tageszeit sowie Witterung in unendlich vielen Facetten und Farben.

Burg Pottenstein

Die **Burg Pottenstein** ❼ präsentiert sich mit ihrer schroffen Nordseite, zu ihren Füßen die Ortschaft mit Kirchen und Fachwerkhäusern. Wir bleiben aber immer oben, an der Hangkante, der Trampelpfad führt zwischen zwei Wohnhäusern hindurch und endet auf der Gartenstraße. Wir sind auf dem Bayreuther Berg, dem oberen Wohngebiet von Pottenstein, und schlängeln uns hier durch bis zum nächsten Wanderweg.

Nach der Gartenstraße laufen wir links in die Straße Bayreuther Berg, dann rechts in die Jugendherbergsstraße. Selbige taucht kurz darauf rechts von uns auf, einige Meter später zweigt nach links die Markierung „Roter Ring" in die Felder ab. So gelangen wir zurück nach Tüchersfeld zum Startpunkt. Der Rote Ring ist Teil eines geologischen Lehrpfades, wir tref-

Die Burg Pottenstein ist mit knapp 1000 Jahren die älteste Burg des Naturparkes, benannt nach ihrem Erbauer Graf Botho von Kärnten. Heute ist die Burg in Privatbesitz, beherbergt ein Burgmuseum und kann besichtigt werden.

Auszeittour 4

Das Naturschutzgebiet Trockenhänge um Pottenstein umfasst insgesamt die drei Talhänge des Haselbrunner-, Püttlach- und Weiherbachtales mit 56 Hektar. Es besteht hauptsächlich aus Steilhängen mit wacholderbestandenem Halbtrocken- und Trockenrasen.

fen hier und da auf Tafeln, die uns über die erdgeschichtlichen Besonderheiten der Gegend aufklären.

Wir durchwandern auf der Hochebene die Örtchen **Weidmannsgesees** und **Arnleithen** (= Berghang mit Ahornbäumen) und haben, was hier selten ist, weite Sicht in alle Himmelsrichtungen. Hinter Arnleithen geht es abwärts durch ein Trockental, das im Püttlachtal kurz vor Tüchersfeld endet. Achtung, kein Bürger- bzw. Wandersteig, sondern die nackte Straße. Wir bekommen den berühmten Postkartenblick auf die Felsburg Tüchersfeld zu sehen, was für ein schöner Abschluss!

Die letzten 100 Meter verlaufen unterhalb des Umlaufriffes mit seinen Fachwerkhäusern zurück zum Parkplatz.

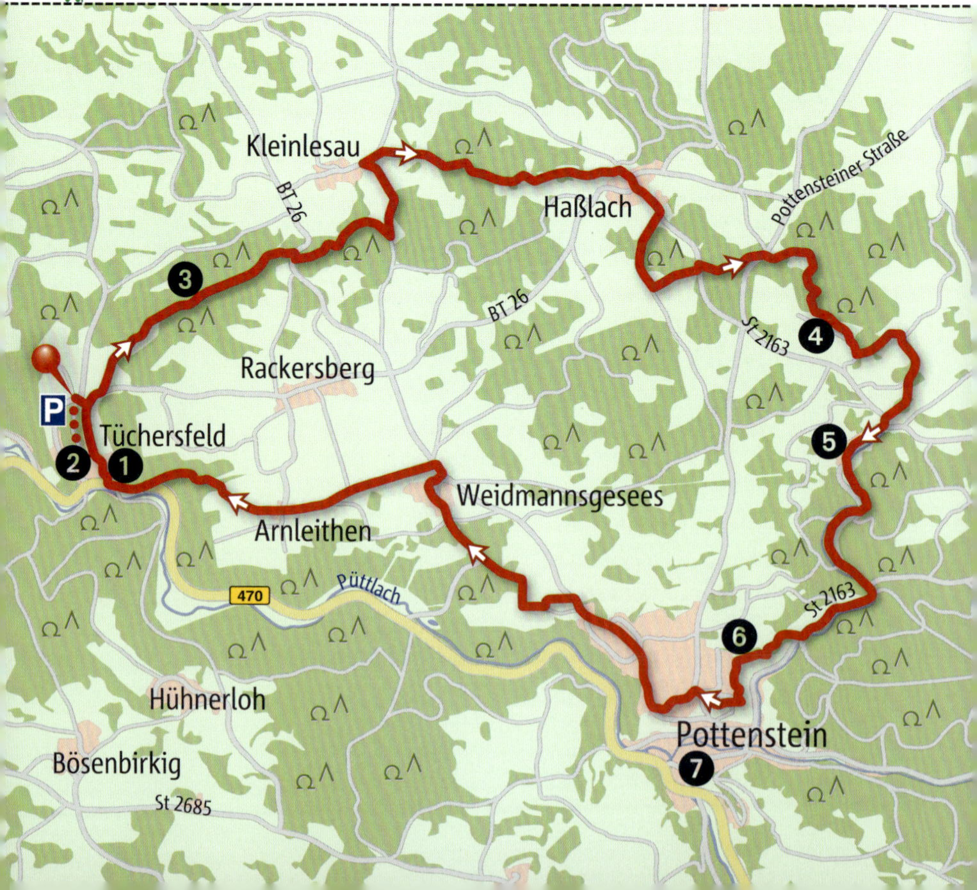

Alles auf einen Blick

Entspannung ✦✦✦✦✦
Genuss ✦✦✦✦✦
Romantik ✦✦✦✦✦

WIE & WANN:
Hauptsächlich naturbelassene Wanderwege. Am schönsten im April und Mai zur Salbei- und Orchideenblüte oder im Herbst.

HIN & WEG:
Auto: Wanderparkplatz am nördlichen Ortsausgang, Zum Zeckenstein, 91278 Tüchersfeld (GPS 49.788505, 11.360029)
ÖPNV: Bus 389 bis Tüchersfeld

ESSEN & ENTSPANNEN:
Rucksackverpflegung einpacken.
Forsterstube ❺ Haselbrunn 7, 91278 Pottenstein, Tel. (0 92 43) 7 01 75 64

ENTDECKEN & ERLEBEN:
Tüchersfeld ❶
Fahnenstein ❷
Höhlen im Tiefen Grund ❸
NSG Entenstein ❹
NSG Schrottenberg ❻
Burg Pottenstein ❼ Burgstraße 13, 91278 Pottenstein

- ✤ 9,8 Kilometer
- ✤ 390 Höhenmeter
- ✤ 3,5 Stunden
- ✤ Rundweg

Aussicht vom Quackenschloss

Panoramatour 5

Wir parken auf dem kleinen Wanderparkplatz auf der Flussseite der Straße. Gegenüber türmen sich schon gut sichtbar die Felsbögen und Höhlen der **Riesenburg** ❶ auf, die zu Recht zu Bayerns schönsten und romantischsten Geotopen zählt. Keine Höhle in der Fränkischen Schweiz wurde im 18. und 19. Jahrhun-

Zur Fee im Felsen
Über dem Wiesenttal

dert, dem Zeitalter der Romantik, so oft skizziert, gezeichnet oder gemalt.

Dass wir das Naturwunder gefahrlos durch Wege und Treppen genießen können, verdanken wir dem ehemaligen Besitzer, Graf Franz Erwein von Schönborn. Er ließ die Riesenburg anlässlich eines Besuches des Bayerischen Königs Ludwig I. im Jahr 1830 begehbar machen, um sie als Schauhöhle zu führen. Erst seit 1945 ist die Riesenburg wieder frei zugänglich.

Wir treten durch das mit 9 Meter Breite und 10 Meter Höhe gewaltige Steintor ein – Beginn und Ende unserer Tour. Steile Steintreppen bringen uns zu einem Felssporn für Schwindelfreie mit grandioser Aussicht über das **Wiesenttal.** Hier finden wir auch einen in den Felsen gemeißelten Zweizeiler des von der „schauerlichen Felsenburg" inspirierten Königs, den wir hier aber nicht verraten wollen – selber hingehen und lesen heißt unsere Empfehlung.

Von der Riesenburg folgen wir immer der Markierung „Frankenweg" (roter Balken und großes F auf weißem Grund) bis zum Aussichtsturm Hohes Kreuz.

Die Riesenburg ist eine Versturzhöhle, ein altes, ehemals geschlossenes und von Wasser durchflutetes Höhlensystem. Durch Korrosion wurden Teile der Höhle aufgelöst, die Wiesent vergrößerte die Hohlräume weiter. Die Steinbögen sind Reste des Höhlendaches.

Panoramatour 5

Auf halber Hanghöhe – die Luft wird uns gerade ziemlich knapp – wartet wie gerufen ein Fels mit Sitzmulde. Hier sammelten schon Generationen von Fränkinnen Kraft für den Restanstieg nach Engelhardsberg, mit einer 40 Kilogramm schweren Butte (eine Art tragbares Wasserfass) auf dem Rücken. Das Wasser für den täglichen Bedarf musste nämlich zu Fuß aus dem Wiesenttal heraufgeschafft werden und das war damals Frauenarbeit!

Entspannt geht es auf der Hochebene aus dem Wald hinaus, an Feld- und Wiesenrändern entlang, wir streifen die Ortschaft **Engelhardsberg** und steuern den Aussichtsturm Hohes Kreuz an, den wir jetzt schon als Etappenziel sehen.

Hochebene

Über dem Wiesenttal

Der **Aussichtsturm Hohes Kreuz** ❷ erhöht den Hohlen Berg um 12 Meter auf 534 Meter und erlaubt eine Rundumsicht von der Ruine Neideck im Westen bis zum Ochsenkopf im Nordosten, dem Fichtelgebirge und dem Oberpfälzer Land. Der Hohle Berg von Muggendorf verdankt seinen Namen einem teilweise miteinander verbundenen Höhlennetz, zu dem die

❀ Für die Seele

Die Riesenburg und das Quackenschloss laden uns zum Nachdenken über Zeit und Vergänglichkeit ein.

Panoramatour 5

Fließendes Wasser gibt es auf den Hochebenen der Fränkischen Schweiz erst seit rund 50 Jahren. Vorher sammelte man das Regenwasser in Teichen. Frisches Wasser wurde mühsam u. a. mit Ochsengespannen über Höhenunterschiede von 200 Meter und mehr transportiert.

Oswald-, Wunders-, Witzen- und Doktorshöhle gehören. Letztere liegt direkt neben unserem Weg und lässt sich mit Taschenlampen gefahrlos erkunden.

Ab dem Hohen Kreuz wechseln wir auf die Markierung „Roter Senkrechtbalken" bis nach Engelhardsberg. Rund 50 Meter nach dem Hohen Kreuz verbirgt sich links unterhalb des Weges der Eingang zur etwas versteckt liegenden **Doktorshöhle** ❸. Wir verlassen den markierten Wanderweg und queren den Hang, bis wir zwischen den Felsen den Eingang entdecken. Die Höhle verdankt den Namen ihrem Entdecker Dr. Adolf Schauwienold im Jahr 1905. Sie geht etwa 35 Meter weit in den Berg und beeindruckt mit schönen Sinterformen und Tropfsteinen. Weltweit erstmalig wurde das Alter von Tropfsteinen mit der sogenannten Radiocarbonmethode festgestellt – mit Proben aus genau dieser Höhle! Die kleinen Stalaktiten an der Höhlendecke wurden auf rund 1500 Jahre datiert, die mächtigen Sinterüberzüge im hinteren Teil haben sich dieser Methode allerdings entzogen und sind damit älter als 30.000 Jahre! Ehrfürchtig an-

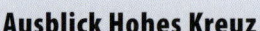

Ausblick Hohes Kreuz

Über dem Wiesenttal

gesichts dieser Zeitspanne verlassen wir die Höhle und wandern im Sonnenlicht weiter.

Der Wanderweg führt uns durch Buchenwald in den Zwecklesgraben und wieder hinauf auf die Hochebene. Wir genießen die schattige Ruhe und weichen Waldboden unter den alten Rotbuchen. An heißen Tagen ist es hier dank des Verdunstungseffektes des Blätterdaches gute 5 Grad kühler als außerhalb. Im Frühsommer erfreuen wir uns an besonders seltenen Blumenschönheiten: den wilden Orchideen wie dem Weißen und Roten Waldvöglein, denen der kalkhaltige, magere Boden hier gefällt.

Das **Naturdenkmal und Geotop Quackenschloss** ❹ ist wieder eine Pause zum Genießen und Nachdenken wert. Wir haben erneut eine Höhlenruine vor uns, ein altes, von Wasser und Jahrmillionen ausgewaschenes Höhlensystem. Sichtbar ist heute ein etwa 20 Meter langer Felstunnel mit einer schlanken Felssäule, die den nordwestlichen Ausgang teilt. Für die Geologen geht die Herleitung des Namens auf „Quacke" zurück, so bezeichnet man bestimmte, im Felsen eingeschlosse-

Panoramatour 5

Blick vom Adlerstein

ne Gesteinsarten. Bei genauem Hinsehen entdecken wir in den Wänden eingeschlossene Brachiopoden und andere Fossilien, die davon erzählen, dass hier einst der Boden des Jurameeres war.

Auf einer hier angebrachten Tafel lesen wir, dass das Quackenschloss das versteinerte Schloss einer verwunschenen Fee ist. Einst wird es sich wieder in

Über dem Wiesenttal

seiner vollen Pracht erheben – aber erst muss das ehrliche und treue Herz eines Ritters die Fee aus ihrer Verbannung erlösen. Bis jetzt hat es – ganz offensichtlich – noch keiner geschafft.

Ein Trampelpfad führt linker Hand auf das Quackenschloss, wo uns eine herrliche Aussicht und eine beeindruckend geformte Buche erwarten. Wir bewundern die Ausdauer und Kraft des Baumes, an diesem unwirtlichen Ort zu überleben.

Durch Buchenwald schlängelt sich der Pfad zum

Panoramatour 5

Die Rotbuche hat kühlende Eigenschaften. Auflagen aus den Blättern helfen bei geschwollenen Augen und Gelenken. Im Frühjahr während des Blattaustriebes kann man die jungen Blätter sofort als Snack genießen oder auf die Brotzeit packen.

Adlerstein ❺. Den Felsklotz erklimmen wir mit einer Eisenleiter und genießen auf 531 Metern über NN den Weitblick über die Alb. Nördlich entdecken wir wieder das Örtchen Engelhardsberg.

Erstmals urkundlich erwähnt wurde Engelhardsberg um 1140 n. Chr. Der Name ist eine Herleitung von „Siedlung beim/am Berg des Engilhart". Traditionelle Gasthäuser suchen wir hier vergebens, aber wir können zur **Raststation Engelhardsberg ❻** gehen, die mit Bio-Getränken und Burgern aus eigener Herstellung verwöhnt.

So gestärkt schlendern wir den Rest des Weges mit der Markierung „Gelber Ring" zurück zur Riesenburg und verlassen diese märchenhafte Tour durch die steinernen Riesentore.

Alles auf einen Blick

WIE & WANN:
Wald- und Wiesenwege sowie Pfade, bei Engelhardsberg auch Straße.
Beste Wanderzeit ist von April bis Oktober.

HIN & WEG:
Auto: Wanderparkplatz Wiesenttal unterhalb der Riesenburg, 91346 Wiesenttal
(GPS 49.8089327, 11.254658)

Entspannung ✦✦✦✦✦
Genuss ✦✦✦✦✦
Romantik ✦✦✦✦✦

ÖPNV: Keine empfehlenswerten Verbindungen

ESSEN & ENTSPANNEN:
Raststation Engelhardsberg ❻ Engelhardsberg 42, 91346 Wiesenttal, Tel. (0 91 96) 15 31

ENTDECKEN & ERLEBEN:
Naturdenkmal und Geotop Riesenburg ❶
Aussichtsturm Hohes Kreuz ❷
Doktorshöhle ❸
Naturdenkmal und Geotop Quackenschloss ❹
Aussichtspunkt Adlerstein ❺

Küchenschelle

- 8,6 Kilometer
- 240 Höhenmeter
- 2,5 Stunden
- Rundweg

Panoramatour 6

Die Ortsmitte des oberfränkischen **Wiesenthau** ist Start und Ziel unserer heutigen Tour. Wir parken auf dem kostenfreien Wanderparkplatz in der Ortsmitte, hinter der Kirche. Als Erstes machen wir einen kleinen Abstecher zum **Schloss Wiesenthau** ❶. Dabei handelt es sich um ein Renaissancegebäude aus dem

Heiliger Berg
Die Ehrenbürg bei Forchheim

16. Jahrhundert, das seit 1992 als Hotel und Restaurant mit Biergarten genutzt wird.

Richtung Ehrenbürg führt uns die Markierung „Blauer Kreis", die gegenüber dem Parkplatz beginnt und aus der Ortschaft herausführt. Wir queren den Gaubach und beginnen an den Streuobstwiesen des Südhanges vorbei gemächlich den Aufstieg. Nach Nordwesten schauend entdecken wir auf dem Reifenberg eine kleine Kirche, **St. Nikolaus** ❷. Sie wird auch als Vexierkapelle bezeichnet, denn sie wandert gewissermaßen mit uns mit – sie ist von fast allen Punkten der Ehrenbürg aus zu sehen. Die Ehrenbürg selbst erhebt sich in greifbarer Nähe, wir sehen die Felsspitzen ihrer westlichen Krone in der Sonne leuchten.

Wir halten geradeaus auf den Zeugenberg zu und kommen knapp hinter dem oberen Wanderparkplatz heraus. Hier wechselt die Markierung auf den **Ehrenbürg-Rundweg** (Berg in Rot auf weißem Grund). Wir schwenken westwärts (links) auf schmale, steinige Pfade, die unterhalb der Felsspitzen durch die Magerwiesen führen.

Zeugenberg ist ein geologischer Fachbegriff für Berge, die sich durch Erosionsvorgänge von der umliegenden Fläche getrennt haben. Bei der Ehrenbürg haben die Wiesent, der Ehrenbach und der Gaubach die Isolierung erzeugt.

Panoramatour 6

Walberla

Auf der Ehrenbürg finden wir ein 155 Hektar großes **Naturschutzgebiet** ❸, das seit 1987 dem Erhalt der wärmeliebenden Laubwälder, Gebüsche, Halbtrocken- und Trockenrasen sowie Felsbandgesellschaften dient. Experten haben hier an die 600 Farn- und Pflanzenarten gezählt, darunter 16 verschiedene Orchideenarten (u. a. das Brand-Knabenkraut und die Bienen-Ragwurz) und endemische Arten wie das Harzsche Habichtskraut, das nur hier wächst. Tierarten wie Feuersalamander und Kreuzotter findet man ebenso wie den extrem seltenen Apollofalter, für dessen Raupen die hier vorkommende Weiße Fetthenne eine wichtige Futterpflanze ist. Um niemanden zu stören, bleiben wir brav auf den Wegen.

Bald erhebt sich über uns das Naturdenkmal **Steinerne Frau** ❹, eine schlanke Felsnadel, die nur am Sockel mit dem Berg verbunden ist. Auch von hier zu sehen sind die Wiesenthauer Nadel sowie die Zwillingsfelsen am Ostrand. Vertikale Korrosionsvorgänge haben das Felsmaterial zwischen Nadel und Berg gelöst, ein Vorgang, der immer noch andauert und unweigerlich zur Zerstörung der „Kronenzacken" der Ehrenbürg führen wird.

Die Ehrenbürg bei Forchheim

Jenseits der „Wanderweg-Hauptstraße", die von Kirchehrenbach kommt, geht unser Pfad weiter zu einem Gipfelkreuz mit herrlicher Aussicht aufs **Wiesenttal.** Von der anderen Talseite grüßt wieder die Vexierkapelle. Danach passen wir etwas auf, um diesen One-Man-Trail nicht zu verlieren. Er führt uns von der Magerwiesenlandschaft hinein in den Mittelwald

Für die Seele

Wir suchen uns eine windgeschützte Stelle am Nordrand der Walberla-Krone und spüren der Geschichte und Energie dieses besonderen Ortes nach.

der Nordseite. Mittelwälder finden wir heute bei uns in Deutschland fast gar nicht mehr. Es bedeutet, dass ein aus ausschlagfreudigen Laubbäumen bestehender Wald alle 15 bis 30 Jahre geerntet und/oder auf den Stock gesetzt wird. So werden lichte und artenreiche Wälder erhalten. Buschwindröschen, Duftveilchen, Lungenkraut und Wald-Schlüsselblumen säumen den Pfad.

Ehrenbürg

Panoramatour 6

Jetzt aufgepasst, nach rund 800 Metern erreichen wir eine kleine Kreuzung von schmalen Waldpfaden. Wir biegen rechts ab, kräftig bergauf, und folgen dem Trail auch im oberen Bereich immer rechts entlang. So erklimmen wir eindrucksvolle Felszinnen und erhalten einen grandiosen Fernblick gen Norden auf die Frankenalb.

Wir sind jetzt auf dem nordwestlichen Gipfel der Ehrenbürg, dem 512 Meter hohen **Walberla** ❺. Bei den Einheimischen hat sich dieser Begriff für den gesamten Berg eingebürgert. Der Name geht auf die heilige Äbtissin Walburga (710–779) zurück, eine Tochter des englischen Königs Richard, die am 1. Mai 870 heiliggesprochen wurde.

Der Heiligen Walburga ist auch die wahrscheinlich vor dem 10. Jahrhundert erstmalig erbaute **Kapelle** ❻ geweiht. Das heutige Gebäude stammt aus dem 16./17. Jahrhundert. Eine lebensgroße Bronzestatue der Heiligen Walburga wurde auf dem Walberla vor der Kapelle aufgestellt und geweiht – am 1. Mai 2000. Drei symbolische Gegenstände hält sie in den Händen: einen Äbtissinnenstab, ein Evangelienbuch und ein Krüglein Walburgisöl.

Am Walberla

Die Ehrenbürg bei Forchheim

Blick vom Rodenstein

An der südwestlichen Seite des Walberlas entlangschlendernd, entdecken wir auf den Felsen die Weiße Fetthenne, im Gras den leuchtenden Farbkontrast der lila-gelben Küchenschellen und viele weitere Farbtupfer.

Auf dem Weg zum Rodenstein kommen wir an der Rekonstruktion eines **Keltenwalls** ❼ vorbei und vertiefen uns etwas in die Frühgeschichte. Schon in der späten Bronzezeit entstand hier die erste befestigte Siedlung, wie Funde aus dieser Zeit bezeugen. Wahrscheinlich war hier ein bedeutendes Machtzentrum Nordbayerns, vernetzt mit Dutzenden weiteren Höhensiedlungen. In der frühen Eisenzeit (550–380 v. Chr.) wurde die Ehrenbürg von Kelten besiedelt und zu einem Stadtzentrum entwickelt. Der alte Festungswall wurde zu einer mächtigen Mauer von 6 Metern Breite und 3 Metern Höhe ausgebaut, ein westliches Tor stand wohl genau an dieser Stelle. Man fand auf dem Gipfelplateau Keramik, Eisengeräte, Fibeln und Bronzeschmuck aus eigener Herstellung, aber auch Produkte, die auf Handelsbeziehungen bis in den Mittelmeerraum schließen lassen.

Nach dieser leichten Senke geht es aufwärts zum zweiten Gipfel, dem 532 Meter hohen **Rodenstein** ❽.

Hier ist das größte zusammenhängende Süßkirschenanbaugebiet Mitteleuropas. Grund dafür sind die lehmhaltigen Böden des Schwarzen Jura in Kombination mit dem milden Klima des Westrandes der Fränkischen Alb.

Panoramatour 6

Einfach eine Tüte frischer Kirschen kaufen, die hier ab Juni sogar im „wilden" Straßenverkauf angeboten werden. Kirschen gehören zu den Rosengewächsen und beliefern uns mit jeder Menge Kalium, Kalzium, Eisen, Vitamin C und Glücksgefühlen.

Hier lädt eine Bank zum Verweilen und Genießen der Aussicht ein. Zur Kirschblüte sieht die Landschaft unter uns aus wie mit Schaumkronen bedeckt.

Wir verlassen den Rodenstein in südöstlicher Richtung und lassen uns von der Markierung „Roter Ring" bis nach **Schlaifhausen** leiten. Hier bietet sich eine Einkehr im **Traditionsgasthaus Kroder** ❾ an, wo wir bei Rehbraten und Karpfen (nur in Monaten mit R!) unsere Eindrücke verdauen.

Der Wanderweg „Gelbkreuz" bringt uns zurück nach Wiesenthau, aber vorher machen wir noch einen Abstecher in die **Confiserie Pieger** ❿ mit ihren handgefertigten Pralinen und Schokoladen. Ob wir die jemandem schenken oder selbst genießen, wissen wir noch nicht so genau.

Alles auf einen Blick

WIE & WANN:
Gute Feld- und Wiesenwege, schmale, teils steinige Pfade rund ums Walberla.
Beste Wanderzeit ab März (Frühblüher) bis Juni (Orchideen, Kirschen) und Herbst.

HIN & WEG:
Auto: Wanderparkplatz hinter der Kirche, Hauptstraße, 91369 Wiesenthau
(GPS 49.713454, 11.135600)

Entspannung ✶✶✶✶✶
Genuss ✶✶✶✶✶
Romantik ✶✶✶✶✶

ÖPNV: Regionalbahn von Ebermannstadt oder Forchheim bis Bf. Wiesenthau

ESSEN & ENTSPANNEN:
Gasthaus Kroder ❾ Schlaifhausen 43, 91369 Wiesenthau, Tel. (0 91 99) 4 16
Confiserie Pieger ❿ Schlaifhausen 34, 91369 Wiesenthau, Tel. (0 91 99) 69 58 96

ENTDECKEN & ERLEBEN:
Schloss Wiesenthau ❶ Schlossplatz 1, 91369 Wiesenthau
St. Nikolaus/Vexierkapelle ❷ Reifenberg 7, 91365 Weilersbach
Naturschutzgebiet Ehrenbürg ❸
Steinerne Frau ❹
Walberla ❺
Walburgiskapelle ❻ 91356 Kirchehrenbach
Keltenwall ❼
Rodenstein ❽

- ✸ 16,4 Kilometer
- ✸ 440 Höhenmeter
- ✸ 4,5 Stunden
- ✸ Rundweg

Panoramatour 7

Für die heutige Tagestour im nördlichen Bereich des Naturparkes haben wir ausreichend Rucksackverpflegung und Getränke eingepackt. Kostenlose Parkplätze finden sich neben dem Friedhof am Ortsrand von Bad Staffelstein. Gegenüber weist uns ein schön geschnitzter Wegweiser die Richtung zum

Im Gottesgarten
Der hohe Norden des Naturparks

Staffelberg, dessen Felsriffe wir schon sehen können. Der **Staffelberg** ❶ ist ein 539 Meter hoher Zeugenberg (siehe Panoramatour 6), der der Fränkischen Alb vorgelagert ist. Der Staffelberg gehört zu den 100 schönsten Geotopen in Bayern. Er ist ein beliebtes Ausflugsziel und wer die besondere Atmosphäre lieber ungestört genießen möchte, kommt zeitig an einem Werktag. Unsere Markierung ist zunächst das blauweiße Main-Donau-Zeichen.

Wir nehmen den Staffelbergweg, überqueren die Autobahnbrücke der A73 und machen uns an den erst gemächlichen, dann kräftiger werdenden Anstieg. Wir umrunden einen abgesperrten Grabungsbereich. Hier wird ein **Keltisches Zangentor** ❷ rekonstruiert. Menosgada hieß die keltische Stadt, die auf 49 Hektar mehrere 1000 Menschen beherbergte. Auf dem Plateau wohnte der Adel wie auf einer Akropolis, Handwerker, Händler und das restliche Volk siedelten sich um den Gipfel herum an. Warum das Oppidum vor etwa 2000 Jahren aufgegeben wurde, bleibt ein Rätsel.

Die Schichtfolge des Staffelberges reicht vom Unteren Braunen Jura bis in den Weißen Jura und bietet damit ein umfangreiches Gesteinsprofil. Durch unterschiedliche Verwitterungsvorgänge sind deutliche Geländestufen (= Staffeln) entstanden.

Panoramatour 7

Adelgundiskapelle

Ein Stückchen weiter erreichen wir das **Victor-von-Scheffel-Denkmal ❸,** das hier 1929 errichtet wurde. Der Dichter und Schriftsteller gilt als Gründer des Biedermeier, was auch die vierte Strophe des Frankenliedes erklärt:

Von Mai bis Juni begleiten uns in der Natur die weißen Blütendolden des Schwarzen Holunders. Sie läuten den Beginn des Sommers ein. Frisch lassen sie sich zu Likören, Sirupen und Küchla verarbeiten, getrocknet helfen sie bei Erkältungskrankheiten.

> *Zum heil'gen Veit von Staffelstein
> komm ich empor gestiegen,
> und seh' die Lande um den Main
> zu meinen Füßen liegen.
> Von Bamberg bis zum Grabfeldgau
> umrahmen Berg und Hügel
> die breite stromdurchglänzte Au.
> Ich wollt', mir wüchsen Flügel,
> valeri, valera, valeri, valera,
> ich wollt', mir wüchsen Flügel.*

Am Denkmal biegen wir rechts auf einen Pfad ab, der den Berg gegen den Uhrzeigersinn umrundet

Der hohe Norden des Naturparks

und das Plateau von der Südwestseite zugänglich macht. Wir befinden uns im **Naturschutzgebiet Staffelberg** ❹, der zusammen mit dem Lerchenberg, Spitzberg und Morgenbühl einen wichtigen Biotop-Verbund bildet. Bedrohte Tierarten wie der Wendehals, Neuntöter und Gartenrotschwanz bewohnen die Streuobstwiesen, Kreuzotter, Schlingnatter und ver-

Für die Seele

Auf dem Plateau des Staffelberges, hoch über dem Maintal, fühlen wir uns frei, aber auch verbunden mit der jahrtausendealten Geschichte des Ortes.

schiedenste Orchideenarten schätzen die Kalkmagerwiesen im oberen Teil. Viele wärmeliebende Insekten wie der Deutsche Sandlaufkäfer und die Schnarrschrecke finden hier noch Lebensraum. Wir genießen die spezielle karge Vegetation mit Kiefern, Wacholder und Weißdorn und die Ausblicke ins Maintal.

Unterhalb der Felsspitzen liegt versteckt die **Querkeleshöhle** ❺. Auf dem Plateau angekommen, spazieren wir zu den verschiedenen Aussichtspunkten mit spektakulären Aussichten über das Maintal. Wir können uns nicht sattsehen. Im Norden, auf der anderen Flussseite, erkennen wir die braunen Mauern von Kloster Banz, im Westen die barocken Türme der Wallfahrtskirche Vierzehnheiligen. Zusammen mit der **Adelgundiskapelle** ❻ auf dem Staffelberg begrenzen sie die Gottesgarten genannte Landschaft. Rechts der Vierzehnheiligen-Basilika bzw. südlich davon sehen wir schon unser nächstes Etappenziel, den Spitzberg.

Hinter der Staffelsteinklause verschwinden wir auf einem schmalen, bergab führenden Wanderpfad,

*Rezept Hollerküchla:
Aus feinem Dinkelmehl, Wasser, etwas Kardamom, Zucker und Salz einen flüssigen Teig rühren. Die Holunderdolden eintunken und in einer Pfanne mit viel Öl goldgelb ausbacken. Auf Küchenkrepp abtropfen lassen, mit Puderzucker bestreuen, fertig!*

Panoramatour 7

der durch eine idyllische Hecken- und Streuobstlandschaft auf den Spitzberg zuhält. Wir nehmen einige Meter die „Wandererautobahn", den breiten geschotterten Wanderweg (Frankenweg, Jakobsweg), der auf kürzestem, aber auch eintönigem Weg durch die Landschaft führt. Nach einigen Metern biegt rechts ein gut erkennbarer Pfad zwischen zwei Wiesen ab, der ohne Umwege auf den 517 Meter hohen Gipfel des **Spitzberges** ❼ führt. Dort steht einsam und unbemerkt eine Aussichtsbank, auf der wir gemütlich Kaffee trinken, den Blick über die auenlandähnliche Landschaft schweifend.

Den Spitzberg verlassen wir auf einem gut erkennbaren Pfad, der uns nordwärts wieder auf den Schotterweg bringt. Diesem folgen wir rund einen halben Kilometer bis zu einer Wegkreuzung mit Ruhebank und biegen hier rechts ab, bis wir auf den **Keltenweg G** treffen, der uns auf den **Alten Staffelberg** ❽ mitnimmt. Der 526 Meter hohe Alte Staffelberg ist ein dicht bewaldeter Dolomitrücken mit einer nordöstlichen und einer südwestlichen Erhebung und einer Mulde in der Mitte. Verwunschene Pfade winden sich durchs Gelände. Auch hier wurde eine frühgeschichtliche Befestigungsanlage nachgewiesen, vielleicht stand sie sogar in Verbindung zu Menosgada?

Blick nach Osten zur Basilika

Der hohe Norden des Naturparks

Der Ort fasziniert mit einer speziellen, ruhigen und abwartenden Atmosphäre.

Achtung: Der Abstieg über steile Dolomitstufen erfordert Trittsicherheit und freie Hände.

Am Fuß des Berges treffen wir wieder auf gut ausgeschilderte Wanderwege Richtung Vierzehnheiligen. Wir kreuzen die „Wandererautobahn" und erreichen auf einem weichen Waldweg die **Basilika Vierzehnheiligen** ❾. Erbaut wurde sie von 1743 bis 1772 und der Architekt war auch hier Balthasar Neumann (siehe Auszeittour 3). Die spätbarocke Fassade birgt eine üppige weiß-goldene Rokoko-Architektur mit dem prachtvollen Gnadenaltar im Mittelpunkt. Tausende Wallfahrer zieht es jährlich an diesen Ort.

Basilika innen

Wir halten es wie die Wallfahrer und erholen uns von den drei Bergbesteigungen im Biergarten der gegenüberliegenden **Brauerei Trunk** ❿ – nomen est omen – bei einem frischen, kühlen Hopfensaft und einer deftigen Brotzeit. Weil im Rucksack noch Platz ist und kein weiterer Berganstieg geplant, packen wir ein, zwei Flaschen Nothelfer-Trunk als flüssiges Souvenir ein.

Für den Rückweg gehen wir zunächst etwa 100 Meter auf dem Weg zurück, den wir gekommen sind, biegen dann aber rechts am Waldrand auf den **Keltenweg B** ab. Der schlängelt sich auf halber Hanghöhe durch einen lichten Laubwald. Knoblauchgeruch liegt in der Luft, denn der Boden ist jetzt – im April – flächendeckend üppig mit Bärlauch bedeckt. Wir nehmen Kurs auf den Schöntalgraben mit seinen ehemaligen **Erzgruben** ⓫. Die Rekonstruktion eines Stolleneinganges erinnert an die jahrhundertealte Tradition des Erzabbaus in dieser Gegend.

Jetzt aufgepasst! Der Keltenweg B macht am höchsten Punkt des Schöntalgrabens eine Rechtskur-

Die Kirche Vierzehnheiligen ist eine Basilika minor (wie die Wallfahrtskirche in Gößweinstein). Dieser Titel wurde ihr 1897 von Papst Leo XIII. verliehen. Der Ehrentitel soll die Bedeutung der Kirche für das Umland hervorheben.

Panoramatour 7

ve Richtung Wolfsdorf. Wir kurven aber nach links auf einen unbeschilderten Waldweg, der uns sanft wieder aufwärts zur „Wandererautobahn" (Frankenweg, Jakobsweg ...) führt. An der bereits bekannten Kreuzung mit Bank biegen wir rechts bzw. nach Norden ab. Unser Rückweg ist ein gut ausgebauter und stiller Wanderweg an der Nordflanke des Staffelbergplateaus (Markierung „Hase"). Wir schlendern gemütlich. Rechter Hand blitzt das Maintal auf. Wir kommen am Skilift und Wanderparkplatz Romansthal vorbei, queren die Streuobstwiesen unterhalb der Staffelbergriffe und finden uns für die letzten paar 100 Meter auf einer asphaltierten Straße wieder, die über die Autobahn und am Friedhof vorbei zum Parkplatz führt.

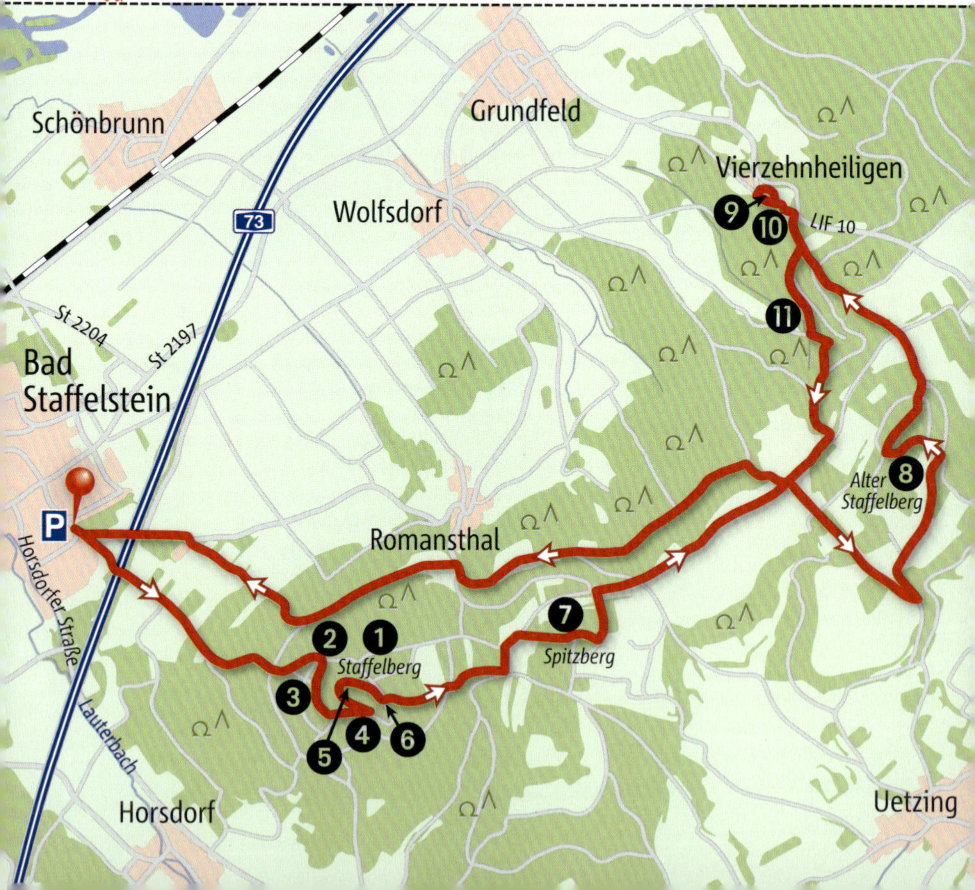

Alles auf einen Blick

WIE & WANN:
Meistens gut ausgebaute Wanderwege, ein felsiges Stück verlangt Trittsicherheit. Ganzjährig ein Erlebnis, im Frühling romantisch-schön.

HIN & WEG:
Auto: Parkplatz neben dem Friedhof, Viktor-von-Scheffel-Straße/Ecke Hirtengasse, 96231 Bad Staffelstein (GPS 50.100051, 11.004105)

Entspannung ✶✶✶✶✶
Genuss ✶✶✶✶✶
Romantik ✶✶✶✶✶

ÖPNV: Regionalbahn bis Bf. Bad Staffelstein

ESSEN & ENTSPANNEN:
Brauerei Trunk ❿ Vierzehnheiligen 3, 96231 Bad Staffelstein, Tel. (0 95 71) 34 88

ENTDECKEN & ERLEBEN:
Staffelberg ❶
Keltisches Zangentor ❷
Victor-von-Scheffel-Denkmal ❸
Naturschutzgebiet Staffelberg ❹
Querkeleshöhle ❺
Adelgundiskapelle ❻ 96231 Bad Staffelstein
Spitzberg ❼
Alter Staffelberg ❽
Basilika Vierzehnheiligen ❾ 96231 Bad Staffelstein
Erzgrube ⓫

Panoramatour 8

Der oberfränkische Luftkurort **Streitberg** wird von zwei markanten Burgruinen bewacht: von der Streitburg und der Neideck. Wir befinden uns im Herzen des Naturparkes Fränkische Schweiz-Frankenjura. Dort, wo sein bedeutendster Fluss, die Wiesent, in die Knie geht und seine Fließrichtung von West nach Süd

Wildes Mittelalter
Burg Neideck bei Streitberg

ändert. Die heutige Tour bietet auf knapp 7 Kilometern immer neue Perspektiven auf die Ruine Neideck, das Wahrzeichen des Naturparkes.

Geparkt wird auf dem Wanderparkplatz in Streitberg zwischen Wiesent und Freibad. Wir sehen auf der anderen Flussseite die Ruine Streitburg. Doch unser erstes Etappenziel ist die Ruine Neideck. Die Markierung „Roter Ring" stellt für den Aufstieg vor die Wahl, entweder den bequemen, kinderwagengeeigneten Weg zu nehmen, oder den steileren, kürzeren. Natürlich nehmen wir den steilen Weg, schließlich soll der Kreislauf aus seiner Komfortzone gelockt werden. Auf der Hochfläche, kurz vor der Neideck, weist ein Wegweiser nach rechts durch den Wald zu den **Neideckgrotten** ❶. Auf 450 Meter Höhe finden wir mehrere Grotten und Felsgänge aneinandergereiht, meist gut gesichert durch ein Geländer zu erreichen, teils mit einer kleinen Kletterpartie an einem Stahlseil. Die Mühe lohnt sich, der Ausblick auf die Neideck ist unbezahlbar.

Vorsichtig machen wir uns wieder an den Abstieg bis zur Abzweigung auf der Hochfläche und erkun-

Empfehlenswert ist ein Besuch der Binghöhle in Streitberg. Außergewöhnlich an ihr ist, dass es sich um eine ehemalige unterirdische Flussröhre handelt. Auf 300 Metern entfaltet sich eine Wunderwelt aus kristallinen Tropfsteinen. Im Winter geschlossen.

Im schattigen Wald finden wir den Wald-Sauerklee, der übrigens nicht mit den anderen Kleearten verwandt ist. Seine Blätter schmecken zitronig-frisch, ein paar davon sind eine wohltuende Erfrischung an heißen Sommertagen.

Ruine Neideck

Das klare, sauerstoffreiche Wasser der Wiesent beheimatet bedrohte Fischarten wie die Mühlkoppe, Äsche, das Bachneunauge und die Bachforelle. Bedroht ist dieser sensible Lebensraum zunehmend von Freizeitaktivitäten wie Kanufahren.

den das großzügige Areal der **Ruine Neideck** ❷. Das Hochplateau diente schon den Kelten als Siedlungsplatz. Die Burg machte ihre ersten Schritte wahrscheinlich im 12. Jahrhundert, zunächst als kleine hölzerne Burg, die dann immer weiter ausgebaut wurde. Sie stand in Sichtkontakt mit vielen weiteren Burgen in der Umgebung, von denen aber bis auf Namenshinweise auf Geländekarten nichts mehr übrig ist – Ausnahme ist die Streitburg auf der anderen Talseite. Nach einigen glanzvollen und wechselhaften Jahrhunderten brannten Söldner sie im Zweiten Markgrafenkrieg im 16. Jahrhundert nieder, bis ins 19. Jahrhundert dienten die Überreste der Bevölkerung als Steinbruch. Die Zerstörung wurde erst in den 1950er-Jahren aufgehalten.

Wir erklimmen den ehemaligen Wohnturm, der als grandioser Aussichtspunkt wiederbelebt wurde, atmen tief durch und genießen freie Sicht in alle Himmelsrichtungen über die Wälder und Täler des Naturparkes. Unter uns glitzert die Wiesent, über uns spannt sich der blauweiße bayerische Himmel. Wir bekommen Lust, jeden Winkel dieser herrlichen Landschaft zu erwandern.

Burg Neideck bei Streiteck

Vor dem Burgtor nehmen wir die Markierung „Grüner Ring" und machen uns an den Abstieg ins **Wiesenttal,** durchlaufen den von alten Fachwerkhäusern geprägten **Weiler Haag** und überqueren die Wiesent, die hier eine Wiesenlandschaft prägt. Links blinzelt uns die Ostansicht der Neideck zu.

Der Wanderweg geht auf der anderen Seite der

Für die Seele

Wir genießen die inspirierende Atmosphäre an der Muschelquelle. Auch an heißen Tagen ist es hier kühl. Ein Lieblingsplatz zum Durchatmen und Nachdenken.

Muschelquelle

B470 am Waldrand weiter. Nach einigen Metern erreichen wir eine Ruhebank mit dem treffenden Namen **Neideckblick ❸**. Das fassen wir als Einladung auf, lassen uns ein Weilchen nieder und genießen einen ungehinderten Blick auf den Wohnturm und die alten Mauern, wie sie ein wenig bröckelig und doch stolz über dem Tal hocken. Wolkenformen ziehen über den Himmel und zeichnen immer wieder andere Bilder. Das ist Naturkino erster Klasse.

Weiter geht es über den **Güßgraben,** der der Wiesent zutröpfelt, dann folgen ein paar Stufen, die zu einem Forstweg führen. Kurz vor der B470 und dem Wanderparkplatz zweigt unser Pfad rechts in den Hangwald ab. Eine gewaltige Felswand baut sich rechts auf. Wir laufen am Fuß des **Müllerfelsens ❹** entlang, einem Naturdenkmal, an dem sich der typische geologische Aufbau eines Schwammriffes erkennen lässt.

Es folgt eine kleine Wegweiser-Überflutung, die dazu verführt, auf klangvolle Steige und Pfade abzu-

Panoramatour 8

biegen. Ein anderes Mal! Wir halten uns an die kürzeste Ausschilderung Richtung Muschelquelle. Ein weicher Weg am Nordhang des Streitberger Waldes geht in eine von Bienen umschwirrte Lindenallee über. Immer wieder winkt die Neideck von der anderen Talseite. Kurz darauf haben wir das idyllische Gebiet rund um die **Muschelquelle** ❺ erreicht.

Auch unterhalb der Muschelquelle hatte sich vor vielen 1000 Jahren Kalktuff abgelagert. Dieser wurde kommerziell abgebaut und unter anderem für den Bau des Quellhauses verwendet. Bis 1968 wurden die umliegenden Ortschaften von der Muschelquelle mit Trinkwasser versorgt. Rechts von ihr entdecken wir den Höhleneingang vom Schneiderloch, das nur noch nach heftigen Niederschlägen oder zur Schneeschmelze ein Bächlein produziert. Rund 50 Meter geht die Höhle in den Felsen, begehbar allerdings nur auf Knien. Weiter oben und nur von geübten Kletterern

Burg Neideck bei Streiteck

erreichbar erspähen wir die Zeugengrotte, ebenfalls eine ehemalige Quellhöhle. Hier lässt sich gut nachvollziehen, wie der Karstwasserspiegel des Wiesenttales immer weiter gesunken ist, bis nur noch die Muschelquelle aktiv war.

Ruhebänke und eine Kneippanlage erfrischen Körper und Geist. Der Weg zur Ruine Streitburg ist von hier unfehlbar ausgeschildert. Wir queren eine Serpentinenstraße nach Oberfellendorf, auf der anderen Seite Treppenstufen bis aufs Hochplateau der **Streitburg ❻.** Auch diese Ruine ist jederzeit zugänglich.

Erhalten sind von ihr noch Teile der Wallmauern und das Burgtor mit dem Wappen von Brandenburg-Kulmbach sowie Kellergewölbe und das Lochgefängnis. Letztere sind nicht öffentlich zugänglich. Die Streitburg teilt ihr Schicksal in vielem mit der Neideck: Erbaut im 12. Jahrhundert, zerstört im 16. Jahrhundert – dann allerdings kurzfristig wieder aufge-

Blick ins Wiesenttal

Panoramatour 8

baut und belebt bis zum Dreißigjährigen Krieg – schließlich als Steinbruch ausgeräumt und erst im letzten Jahrhundert wieder touristisch entdeckt.

Wir erklimmen den Aussichtspunkt der Streitburg, winken zur Neideck und genießen einen abschließenden Blick über das eindrucksvolle Wiesenttal. Eine kraftvolle Landschaft.

Der Abstieg zur Streitberger Ortsmitte ist schnell geschafft.

Heute ist Freitag, deshalb machen wir einen Abstecher zur **Fischerei Gebhardt 7,** wo schon von Weitem die gegrillten Makrelen im Straßenverkauf duften. Wir erstehen noch Brötchen und Meerrettich und genießen das Vesper an einer Tischgruppe am alten Bahnhof.

Ein unverzichtbares flüssiges Souvenir ist ein Fläschchen Streitberger Bitter, der seit 1898 von der Brennerei Hertlein gebraut wird. Bio-Liköre und Geister vervollständigen seit einigen Jahren das Sortiment im Werksverkauf und Onlineshop.

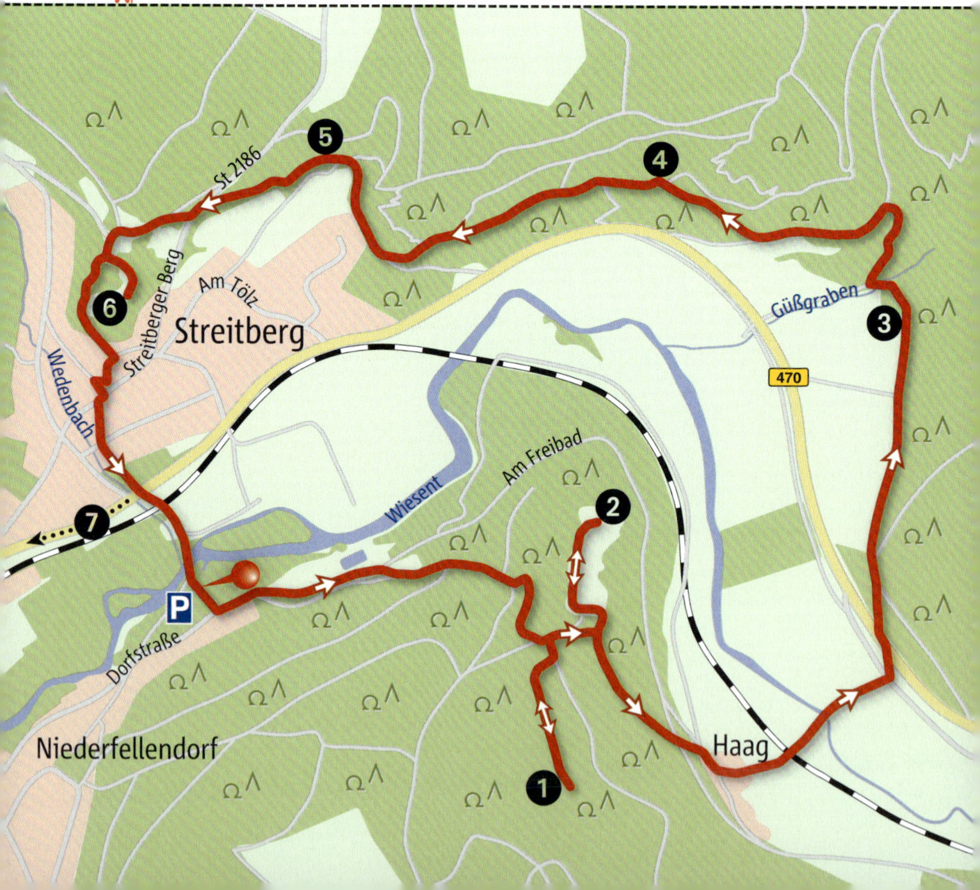

Alles auf einen Blick

WIE & WANN:
Gut ausgeschilderte, abwechslungsreiche Pfade und Wege.
Beste Wanderzeit ist von März bis Oktober.

HIN & WEG:
Auto: Wanderparkplatz an der Wiesent, Dorfstraße, 91346 Streitberg
(GPS 49.808538, 11.2213986)

Entspannung ✶✶✶✶✶✶
Genuss ✶✶✶✶✶
Romantik ✶✶✶✶✶✶

ÖPNV: Bus 389 bis Haltestelle B470, Streitberg (an der Bundesstraße)

ESSEN & ENTSPANNEN:
Fischerei Gebhardt ❼ Bahnhofstraße 20, 91346 Wiesenttal, Tel. (0 91 96) 9 29 20

ENTDECKEN & ERLEBEN:
Neideckgrotten ❶
Ruine Neideck ❷ 91346 Wiesenttal
Neideckblick ❸
Müllerfelsen ❹
Muschelquelle ❺
Ruine Streitburg ❻ 91346 Wiesenttal

Sinterstufen

- 14,6 Kilometer
- 390 Höhenmeter
- 4,5 Stunden
- Rundweg

Verwöhntour 9

Entspannt erreichen wir das oberfränkische Örtchen **Igensdorf** mit der Regionalbahn aus Nürnberg. Diese pendelt im Stundentakt zwischen Nürnberg und Gräfenberg und garantiert uns eine sichere Heimfahrt bis in die späten Abendstunden. Wir queren die Bahngleise und die Bundesstraße 2 nach rechts und halten nach dem Wandersymbol „Roter Querstrich" Ausschau, das uns bis nach Oberrüsselbach begleiten wird.

Bereits im Ort beginnt der Anstieg, der zunächst durch eine Streuobstwiesenlandschaft führt und dann im Wald richtig Fahrt aufnimmt. Der rötliche Sandstein unter unseren Füßen sagt uns, dass wir gerade eine Schicht des Braunen Jura – oder auch Dogger genannt – durchwandern.

Frühlingserwachen
Zur Lillachquelle

Bis wir nach einer knappen halben Stunde den Weißen Jura erreichen, haben wir schon 180 Höhenmeter geschafft und der Kreislauf läuft auf Hochtouren.

Der **Burgstall Hainburg** ❶ erhebt sich 507 Meter über Igensdorf. Im zeitigen Frühling – vor dem Blattaustrieb – haben wir einen herrlichen Blick auf die Landschaft rund ums Aubachtal. Kein Wunder, dass diese Stelle für eine Burg auserkoren wurde. Uneinnehmbar vom Süden, Westen und Norden und gut zu verteidigen gen Osten. Wir nehmen uns die Zeit, um die Informationstafeln zu lesen, die hier gut verstreut im Gelände positioniert sind. „Burgstall" bezeichnet die Stelle einer abgegangenen Burg, es ist für Laien wie

Verwöhntour 9

Burgstall Hainburg

uns also nahezu nichts mehr im Gelände erkennbar bis auf die östlichen Verteidigungsgräben.

Der Wanderpfad führt uns ostwärts entlang des Kühbergs durch einen märchenhaften Frühlingswald aus Hainbuchen und Ahorn. Blütenteppiche aus Buschwindröschen und Hohlem Lerchensporn nutzen die Frühlingssonne zum Blühen, Duften und Bienenanlocken. Rechter Hand liegt das Rüsselbachtal und **Oberrüsselbach** ist unser nächstes Etappenziel.

Wir steuern die Ortsmitte mit Wanderparkplatz an und drehen uns westwärts. Ein Schild weist auf die Quelle des **Rüsselbaches** ❷ hin, die hier entspringt und über einen kleinen abschüssigen Pfad erreichbar ist. Umwachsen wird sie von frischem Bärlauch, von dem wir einige Blättchen für unsere Brotzeit zupfen und einpacken.

Auf der anderen Seite des Wanderparkplatzes lockt die **Jurabrennerei Häfner** ❸ mit hochprozentigen Spezialitäten aus Wildfrüchten und Obst sowie Fruchtsäften. Der Hofladen ist geöffnet, im Rucksack noch Platz und so wandern eine Flasche Likör und ein Apfelsaft hinein.

Bärlauch wächst im zeitigen Frühjahr in Waldgebieten mit Sickerfeuchte. Vom giftigen Maiglöckchen unterscheidet er sich durch den Knoblauchgeruch und seine Wurzelzwiebel. Er ist nicht geschützt, darf aber nur für den Eigenbedarf gezupft werden.

Zur Lillachquelle

Wir laufen auf die Wandermarkierung „Frankenweg" (Roter Querstrich mit rotem F) zu. Dazu verlassen wir Oberrüsselbach auf dem gleichen Weg, auf dem wir gekommen sind, biegen aber hinter dem Solarpark sofort rechts ab. Auf der waldfreien Hochebene bilden die breiten Feldwege eine T-Kreuzung. Der Frankenweg knickt nach rechts ab, wir aber gehen links. Nach rund 400 Metern entfaltet links des Weges eine gewaltige Linde ihre Krone. Kalkscherben von den umliegenden Äckern wurden als LandArt-Projekt zu Mauern, Spiralen, Türmchen und einem Rundbogen aufgeschichtet. Wir haben die Leichenlinde erreicht! In ihrem Schutz lädt eine Bank zur Brotzeit ein. Wir packen Kaffee, Butterbrezeln, den Bärlauch von der Rüsselbachquelle und den Apfelsaft

Rezept Bärlauch-Pesto/Brotaufstrich (vegan): 3 Handvoll frische Bärlauchblätter, ½ Handvoll Sonnenblumenkerne, Saft von ½ Zitrone, Salz, Pfeffer, Olivenöl. Zutaten mischen und pürieren, Olivenöl so lange dazu gießen, bis eine cremige Masse entsteht.

Für die Seele

An den Sinterterrassen sind wir verzaubert davon, was die Natur an zufälliger Schönheit und Verspieltheit hervorbringt. Hier könnten wir stundenlang sitzen.

Sinterstufen

Verwöhntour 9

aus der Brennerei aus und genießen – die Ruhe, die Aussicht, die Atmosphäre und natürlich das Vesper.

Die **Leichenlinde** ❹ bekam ihren etwas schauerlichen Namen deshalb, weil hier in früheren Zeiten die Leichenzüge von Dorfhaus nach Kirchrüsselbach, wo der nächste Friedhof war, im Schatten der Linde Rast einlegten.

In den nächsten unmarkierten Feldweg biegen wir rechts ab, es geht sanft bergab, als der nächste Feldweg kreuzt, gehen wir links und treffen auf den „Grünstrich", dem wir ostwärts bzw. nach rechts folgen. Er wird zu einem Pfad, der uns bergab durch Wald direkt zur **Lillachquelle** ❺ führt. Rund um die Osterzeit ist der Quellaustritt im Felsen mit Fichtengrün und handbemalten Ostereiern geschmückt. Ein vorchristlicher Brauch, denn mit den Fruchtbarkeitssymbolen Fichtengrün und Eier wollte man die Vegetationsgöttinnen, die an Quellen und Gewässern leben, positiv stimmen, um Gesundheit für Mensch und Tier sowie um gute Ernten bitten. Die Lillachquelle wurde vom Bayerischen Landesamt für Umwelt zu einem regional sehr bedeutenden Geotop ernannt. Sie entspringt im Weißen Jura, 463 Meter über NN aus einer kleinen Felshöhle und wird von der umgebenden Hochfläche gespeist. Durchschnittlich 50 Liter pro Sekunde sprudeln aus der Karstquelle.

Ab hier folgen wir wieder der Markierung „Frankenweg" entlang der Lillach. Kalkliebende Frühblüher wie die Schuppenwurz, die Stinkende Nieswurz oder die Frühlingsplatterbse lassen sich am Wegrand entdecken. Das Tal ist außerdem ein Paradies für selten gewordene Tierarten wie Feuersalamander, Wasseramsel und Gelbbauchunke, aber auch Libellen wie die Quelljungfer und über 100 Schmetterlingsarten lassen sich hier beobachten, darunter der prachtvolle Schwalbenschwanz.

Nach etwa 1 Kilometer erreichen wir den schönsten Teil der **Lillach,** die **Sinterterrassen** ❻**,** ein flächiges Naturdenkmal. Grazile Becken und Wannen aus

Leichenlinde

Lillachquelle

Verwöhntour 9

Kalktuff entsteht, wenn mit Kohlendioxid angereichertes Regenwasser Kalk aus Gestein löst. Wo das Wasser als Quelle zutage tritt, lösen Strudel den Kalk wieder aus und lagern ihn als feine Nadeln an Moosen und Algen ab. Diese wollen der Versteinerung entwachsen, die alten Pflanzenteile bleiben als Kalktuff zurück.

Das Bierbrauen in der Klosterbrauerei Weißenohe begann um 1150 – damit ist sie eine der ältesten Brauereien Deutschlands! Das Wasser beziehen die Brauer aus zwei eigenen Quellen, der Hopfen kommt aus der Nachbarschaft. Das garantiert die Bio-Qualität.

Kalktuff formen eine märchenhafte Wassertreppe. Tausende kleiner Rinnsale fließen und sprudeln über die Quellmoose und bilden so immer neue Kalktuffstrukturen aus. Ihr geologisches Alter ist mit rund 10.000 Jahren recht jung.

Aber sie sind eine fragile und vergängliche Schönheit. Die Nitrateinträge im Quellwasser lassen übermäßiges Wuchern von stickstoffliebenden Pflanzen wie Brennnesseln zu. In den Sommermonaten ist deshalb von den Sinterterrassen fast nichts zu sehen. Die zunehmende Klimaerwärmung lässt den Karstwasserspiegel sinken und im Sommer fallen die Becken wochenlang trocken.

Die Sinterbecken begleiten uns bis zum Waldrand. Vorbei geht es an Karpfenteichen zum **Bauernhof Hänfling ❼**, der an strategisch guter Stelle seine **Milchtankstelle** eingerichtet hat. Das Kakaopulver dazu gibt es im Automaten daneben, außerdem je nach Saison leckere Käsesorten, Joghurts und sogar Dosenwurst!

Im Örtchen **Dorfhaus** schwenken wir, dem Frankenweg folgend, links der Ortschaft den Hang hinauf. So kommen wir in den Genuss der für die Gegend typischen Kirschbaumwiesen und erhalten schließlich einen malerischen Blick auf **Weißenohe** mit seiner alles überragenden barocken Klosterkirche.

Die Gründung des **Klosters Weißenohe ❽** reicht ins 11. Jahrhundert zurück. Es ist dem Heiligen Bonifatius geweiht, war ein Benediktinerkloster und die meiste Zeit eine Oberpfälzer Enklave mitten im Frankenland. Die Nürnberger ließen nichts unversucht, das zu ändern. Erst 1692 wurde mit dem Bau der heute zu bewundernden Barockkirche begonnen.

Nach einem Abstecher in die Klosterkirche kehren wir im dazugehörigen **Wirtshaus ❾** ein. In der urigen Stube mit Gewölbedecke und dunklem Holz lassen wir uns die gehaltvolle fränkische Küche schmecken: Schäufele in Dunkelbiersoße und Haxen mit Kloß, dazu ein Klostersud aus der Klosterbrauerei.

Damit sich die angeschlemmten Kalorien nicht

Teufelstisch

Kloster Weißenohe

Verwöhntour 9

festsetzen, ist der Teufelstisch auf dem Eberhardsberg unser nächstes Ziel. Die Markierung „Gelbstrich" nimmt uns ab der Bundesstraße auf und zieht uns stetig um 160 Höhenmeter den Berg hinauf. Kurz unterhalb des Gipfels steht er ganz unvermittelt da, der **Teufelstisch ❿.** Geologisch betrachtet ist er ein Teil des fossilen Schwammriffes, das sich vor über 150 Millionen Jahren hier am Grund des Jurameeres gebildet hat. Der Fuß besteht aus faserigem Kalk, der schneller verwittert als der Kalk der Platte.

Die Markierung „Blaustrich" übernimmt ab hier die Wegführung zurück nach Igensdorf. Wir genießen die Frühlingslandschaft mit ihren Apfel- und Kirschblütenwiesen, und erreichen so wieder den Bahnhof Igensdorf.

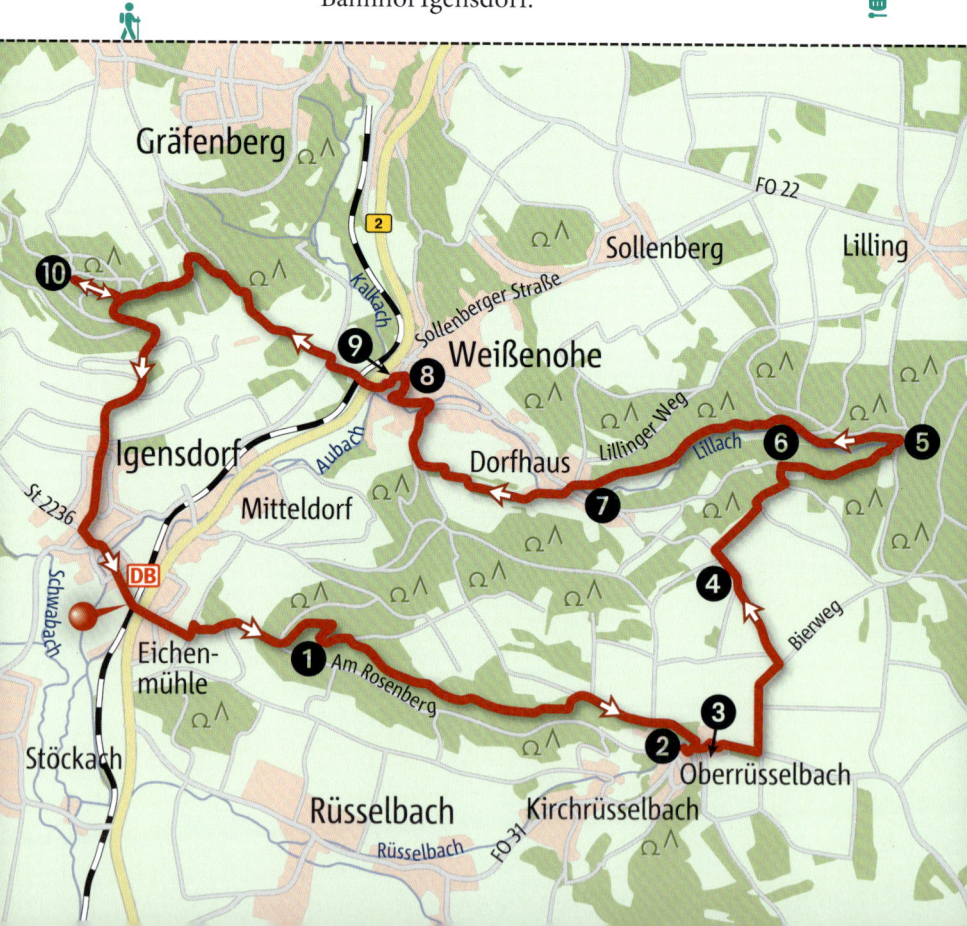

Alles auf einen Blick

WIE & WANN:
Wald- und Wiesenwege und schmalere Pfade, kurze Straßenstücke bei Igensdorf und Gräfenberg. Beste Wanderzeit ist von März bis Mai.

HIN & WEG:
Auto: Parkplatz in der Nähe des Bahnhofs, 91338 Igensdorf (GPS 49.619784, 11.234110)
ÖPNV: Regionalbahn bis Bf. Igensdorf

ESSEN & ENTSPANNEN:
Jurabrennerei Häfner ❸ Oberrüsselbach 16, 91338 Igensdorf,
Tel. (0 91 92) 99 68 53 o. (0 91 92) 74 71
Milchtankstelle Hänfling ❼ Dorfhauser Straße 80,
91367 Weißenohe OT Dorfhaus, am Lillachquellen-Wanderweg
Wirtshaus Klosterbrauerei Weißenohe ❾ Klosterstraße 20,
91367 Weißenohe, Tel. (0 91 92) 63 57

Entspannung ✶✶✶✶✶
Genuss ✶✶✶✶✶
Romantik ✶✶✶✶✶

ENTDECKEN & ERLEBEN:
Burgstall Hainburg ❶ 91338 Rüsselbach
Rüsselbach-Quelle/Husarensprung ❷
Leichenlinde ❹
Lillachquelle ❺
Sinterstufen der Lillach ❻
Kloster Weißenohe ❽ Klosterstraße 20, 91367 Weißenohe
Teufelstisch ❿

Verwöhntour 10

Wer im Naturpark Fränkische Schweiz-Frankenjura unterwegs ist, sollte auf jeden Fall der höchstgelegenen Burg, der Burg Hohenstein im mittelfränkischen, südlichen Teil des Naturparkes, einen Besuch abstatten.

Wir reisen gemütlich mit der Regionalbahn aus Hersbruck an. Die fährt uns ins beschauliche Pegnitztal nach **Rupprechtstegen,** wo wir aussteigen. Die Züge kommen und gehen hier im Stundentakt bis in die Nacht hinein, eine sichere Heimfahrt ist also gewährleistet.

Am Biergartenbereich des Rastwaggons geht unser Pfad hinunter zur Pegnitz. Wir biegen rechts ab, flussaufwärts, auf einen breiten Wander- und Rad-

Gipfelglück
Im Süden des Naturparks

weg. Die **Pegnitz** ❶ entspringt im gleichnamigen Ort weiter nördlich. Sie legt stolze 113 Kilometer zurück, durchquert dabei die Frankenmetropole Nürnberg, bevor sie sich bei Fürth mit der Rednitz zur Regnitz vereint. Spätestens seit dem Mittelalter spielte sie eine bedeutende Rolle wegen ihrer Wasserkraft zum Mühlenantrieb, damals war sie alles andere als sauber und klar. Heute dagegen kann man mit etwas Glück Biber, Eisvogel und Wasseramsel beobachten.

Nach knapp 1 Kilometer überspannt eine Holzbrücke das Wasser. Ab hier folgen wir bis zur Burg Hohenstein der Markierung „Rotes Andreaskreuz". Wir queren die Brücke, den Wanderparkplatz und die Talstraße.

Verwöhntour 10

Ankatalfelsen

Die ökologische Bedeutung von Moosen wird genauso wie ihre Schönheit unterschätzt. Sie besiedeln unseren Planeten mindestens seit dem Karbon. In Bayern haben wir weit über 1000 Moosarten und im Ankatal findet man locker 30 Arten.

Wir befinden uns im Eingang des Ankatales. Über uns erhebt sich der **Ankatalfelsen** ❷ mit einer kleinen Höhle, die über einen steilen Pfad erreichbar ist. Der Spaltengang ist 7 Meter lang und teils 5 Meter hoch. Tropfsteine suchen wir hier vergebens, aber die Höhle erzählt uns, sie sei von der uralten Pegnitz ausgewaschen worden, damals vor den Eiszeiten, als der Fluss noch Hochflächenniveau hatte. Im Sommer sind die teils senkrechten Wände des Felsens beliebtes Klettererziel.

Bei den nächsten 2 Kilometern genießen wir jeden Schritt. Wir betreten ein urwüchsiges, schattiges Tal: senkrechte Felswände zur Linken, ein steiler Waldhang zur Rechten. Das **Ankatal** ❸ ist ein Trockental, d. h. es wird seit der Eiszeit nicht mehr von einem Wasserlauf durchflossen, es ist „trockengefallen". Nach starken Regenfällen kann es hier immer noch nass und rutschig werden. Riesige Felsbrocken sind mit Moosen und Farnen bedeckt, dazwischen stehen alte Bäume mit Pilzen (Zunderschwämme, um genau zu sein).

Im Süden des Naturparks

Der Wanderweg gabelt sich, wir halten uns links, leicht bergauf. Etwas abseits links vom Weg, aber gut erkennbar, liegt die Höhle **Andreaskirche** ❹, eine geräumige Felshalle mit drei Zugängen. Es heißt, vor über 1500 Jahren haben die ersten Christen der Region hier ihre Gottesdienste abgehalten. Leider wurde das Höhleninnere durch mehrere illegale Feuerstellen etwas in Mitleidenschaft gezogen.

Kurz darauf wird das Ankatal breiter und flacht aus. Wir folgen unserer Markierung nach links zum Örtchen **Raitenberg,** nehmen ein paar 100 Meter wenig befahrene Straße in Kauf, bevor die Markierung wieder auf weiche Waldwege schwenkt, eine Wohltat für die Füße.

Kreppling heißt das nächste Dörfchen der Hochebe-

 Für die Seele

Das Ankatal – im ersten Teil – ist das ursprünglichste aller Täler des Naturparkes. Unsere Seele fühlt sich wohl im Reigen der Grün- und Schattentöne.

Ankatal

Verwöhntour 10

Wohnstallhaus

ne. Hier fällt uns ein uraltes Fachwerkhaus ins Auge, fast schon eine Ruine. Tatsächlich ist es ein ausgewiesenes Baudenkmal. Ein fränkisches ehemaliges **Wohnstallhaus** ❺ mit Fachwerkgiebel, im Kern von 1630, wie eine dendrochronologische Untersuchung ergeben hat. Ein Blick durch die Fensteröffnungen offenbart, dass die Menschen damals mit sehr wenig Raum ausgekommen sind.

Hinter Kreppling führt der Wanderweg an der Felswildnis des Pfaffenberges und Schwarzenberges vorbei zu einer Landstraße, die wir überqueren, um auf der anderen Seite mit etwas Mühe die Markierung wieder zu entdecken. Wir gehen vor der neuen Scheune links, dann am Hüllweiher rechts. Ab dort findet man sich wieder zurecht.

Als **Hüllweiher** ❻ oder Hülen werden in der Fränkischen Schweiz künstlich angelegte kleine Teiche oder Tümpel auf der Hochebene bezeichnet. Das zerklüftete Karstgestein hält kein Regenwasser, frisches Wasser musste damals mühsam aus den Tälern hochgeschleppt werden. Die Hüllweiher wurden mit Lehm wasserdicht gemacht und füllten sich mit Regenwasser. Es diente hauptsächlich, weil nicht besonders sauber, als Viehtränke und Löschwasser. Jedes Dorf hatte eine Hüle, oft sogar die Bauernhöfe. Flora und Fauna freuen sich über das künstliche Nass. Blutweiderich

Nach einem langen Dornröschenschlaf ist die Burg Hohenstein heute begehrt für Trauungen, Seminare und kulturelle Veranstaltungen. Die gelungene Renovierung ist dem Verschönerungsverein Hohenstein e.V. zu verdanken.

Im Süden des Naturparks

und Mädesüß blühen, Libellen, Frösche und Kröten finden hier einen neuen Lebensraum.

Kurz darauf verlassen wir den Wald und erblicken das erste Mal unser Tagesziel, **Burg Hohenstein** ❼. Sie erhebt sich wuchtig und ehrwürdig auf einem Felsen über den gleichnamigen Ort. Der Hohenstein ist mit 624 Meter ü. NN zwar nur der fünfthöchste Berg Mittelfrankens und zufälligerweise auch des Naturparkes, aber die Burg Hohenstein ist die höchstgelegene Burg des Naturparkes! So haben wir doch noch ein Superlativ gefunden. Erstmals urkundlich erwähnt wurde sie 1163 und gehört damit in den Reigen der hochbetagten Gemäuer wie Burg Pottenstein und Neideck.

Die Aussicht über die Fränkische Schweiz, bei klarem Wetter bis nach Nürnberg, ist legendär. Wir kraxeln ein wenig über die Felsen unterhalb der Türme und können uns kaum sattsehen.

Nicht ganz so spektakulär, dafür aber liebenswert und besonders ist der kleine Kräutergarten mit Heilpflanzen, der uns als Kräuterfreunde natürlich besonders begeistert. Schönes Detail: Sogar Wildkräuter, die in den Pflasterfugen wachsen, haben ein Schild-

Burg Hohenstein

Verwöhntour 10

Kräutergarten

chen bekommen. Weiter unten ist erfolgreich eine Schmetterlingswiese angelegt worden, die bunten Tierchen genießen Nektar und Aussicht gleichermaßen, scheint es.

Nach fast 300 Höhenmetern haben wir eine Stärkung verdient. Das **Windbeutelcafé Hohensteiner Hof** ❽ lockt Freunde des Süßen bis aus Nürnberg hierher. Wir schwelgen schon beim Lesen der Karte und ordern einen kleinen und großen Windbeutel, jeweils mit Vanilleeis, Sahne und Wildbeeren- bzw. Sauerkirschkompott. Dazu einen Cold Brew Coffee und eine hausgemachte Ingwer-Gurken-Melonen-Limo.

So gestärkt freuen wir uns auf den Rückweg, immer schön bergab als Belohnung für das kontinuierliche Bergauf der ersten Hälfte. Wir verlassen Hohenstein mit der Markierung „Blaues Kreuz" in südöstlicher Richtung. Nach den letzten Häusern knickt der Weg scharf links ab, weiter geht es durch Streuobstwiesen, eine Landstraße wird überquert, ein Waldstück, in dem sich eine kleine Steigung versteckt, durchquert. Unser Weg kreuzt einen unmarkierten Forstweg, der von Süd nach Nord verläuft. Auf den biegen wir links, also nach Norden, ab und erreichen **Treuf,** ein Örtchen auf halber Hanghöhe.

Allen, die nicht so gern süß essen oder die nach den Windbeuteln etwas Herzhaftes vertragen könnten, sei ein Besuch des **Hofcafés und Gasthauses Braun** ❾ empfohlen. Hier werden, mitten im Nirgendwo, unglaublich leckere knusprige, frische Pizzen zubereitet, deren Fangemeinde weit über Treuf hinausgeht.

Am Ortsrand von Treuf, beim Gasthof Morner, nimmt uns die Markierung „Rotes Kreuz" (als Plus, nicht das Andreaskreuz) mit ins Mittelbergtal. Entspannung macht sich wieder breit mit weichen We-

Im Süden des Naturparks

gen unter den Füßen. Auf halber Wegstrecke murmelt auf einmal ein Bächlein links von uns, gemächlich unterwegs Richtung Pegnitz. Wir erreichen die Hofstelle der **Griesmühle,** deren Geschichte bis ins ferne 10. Jahrhundert zurückreicht. Aktuell wird der Fleck als „Einöde mit zwei Einwohnern" beschrieben, erreichbar über eine schmale Straße aus dem Pegnitztal. Es ist schwer zu glauben, dass es hier so etwas wie Strom oder gar WLAN gibt, wir fühlen uns wie ins Mittelalter gebeamt.

Hinter der Griesmühle geht es links bis zu einem Holzsteg, der über das Bächlein führt. Nach rund 50 Metern erreichen wir einen verwunschen wirkenden **Kalktuffwasserfall ❿.** Wie bei den Sinterterrassen der Lillach und den Leinleiterquellen bei Oberleinleiter hat der Bach hier kurz hinter dem Quellaustritt angefangen, Stufen und Kaskaden aus Kalktuff aufzubauen, über die das klare Wasser plätschert. Ein Paradies für Feuersalamander, die ihre Nachkommen nur in sehr sauberem Wasser absetzen, die Gestreifte Quelljungfer saust umher, das für diesen Lebensraum typische Starknervmoos und Brunnenkresse verschaffen dem Ort sattes Grün.

Wir halten Ausschau nach dem Pyrenäen-Löffelkraut, das so selten ist, dass es in Nordbayern nur zwei nachgewiesene Standorte gibt. Der eine davon ist hier.

Dost („Origanum vulgare") ist unser einheimischer Oregano, wie man beim Zerreiben der Blätter schnell feststellt. Die rosa blühende Pflanze mag sonnig-trockene Standorte auf kalkhaltigem Boden. Sie ist ein wahrer Schmetterlingsmagnet.

Treuf

Verwöhntour 10

Dost-Tomaten-Brotaufstrich: Eine Handvoll klein gehackter Dost, 500 g Tomatenpasta, klein geschnittene Zwiebel, Salz, Pfeffer, Paprika, Kardamom, 1 EL Honig, Saft einer ½ Zitrone. Alles pürieren. Auch geeignet zum Bestreichen von Pizza oder als Nudelpesto.

Eine Bank lädt zum Hinsetzen, Ausruhen und Schauen ein. Wir nehmen die Einladung gerne an und schließen tiefenentspannt die Augen.

Zurück im Hier und Jetzt packen wir wenig später die letzten Meter an. Das Rote Kreuz führt uns entlang der Pegnitz auf einem breiten Wander- und Fahrradweg zurück nach **Rupprechtstegen.**

Hier lockt zum Abschluss dieses perfekten Wandertages ein Abstecher in den **Rastwaggon ⓫,** einen zum Restaurant umgebauten Eisenbahnwaggon. Die Idee kam so gut an, dass der Waggon inzwischen um einen Café-Pavillon und Biergarten erweitert wurde. Wir lassen den Tag bei einem kühlen Getränk und einer Brotzeit ausklingen und steigen irgendwann in die Regionalbahn nach Nürnberg.

Alles auf einen Blick

WIE & WANN:
Überwiegend naturbelassene Wald- und Wiesenwege, im Bereich der Ortschaften Straße. Beste Wanderzeit ist von April bis Oktober.

HIN & WEG:
Auto: Wanderparkplatz am Bf. Rupprechtstegen, 91235 Hartenstein (GPS 49.597338, 11.479961)
ÖPNV: Regionalbahn von Nürnberg bis Bf. Rupprechtstegen

ESSEN & ENTSPANNEN:
Windbeutelcafé Hohensteiner Hof ❽ Hohenstein 43, 92141 Kirchensittenbach, Tel. (0 91 52) 5 33
Hofcafé und Gasthaus Braun ❾ Treuf 4, 91241 Kirchensittenbach, Tel. (01 70) 2 69 63 51

Entspannung ✦✦✦✦✦✦
Genuss ✦✦✦✦✦
Romantik ✦✦✦✦✦

Rastwaggon Rupprechtstegen ⓫ Am Bahnhof 3, 91235 Hartenstein, Tel. (0 91 52) 4 08 55 85

ENTDECKEN & ERLEBEN:
Pegnitz ❶
Ankatalfels ❷
Ankatal ❸
Andreaskirche ❹
Wohnstallhaus Kreppling ❺
Hüllweiher ❻
Burg Hohenstein ❼ 91241 Kirchsittenbach
Kalktuffwasserfall Griesmühle ❿

Jura-Elefant

✻ 13,2 Kilometer
✻ 300 Höhenmeter
✻ 4 Stunden
✻ Rundweg

Verwöhntour 11

Das Örtchen **Betzenstein,** „Frankens kleinste Stadt", hat einen sehenswerten denkmalgeschützten Ortskern mit viel Fachwerk und Burg, weitere Attraktionen sind der Klettergarten und das Freibad.

Weniger bekannt sind die einsamen Wanderwege im südwestlichen Teil des Gemeindegebietes, die wir heute erkunden wollen. Teile des Waldes sind FFH-Gebiet (Fauna-Flora-Habitat) aufgrund der lockeren, artenreichen Strukturen. Hier kommen mehrere Dutzend Orchideenarten vor, darunter auch der Frauenschuh. Da eine ausgiebige Einkehr erst zum Abschluss der Tour geplant ist, haben wir in unsere Rucksäcke neben Wanderkarte, Kompass und aufgeladenen Handys Brotzeit und Getränke gepackt.

Burg Betzenstein vervollständigt das Burgenquartett. Erbaut im 12. Jahrhundert als hochmittelalterliche Höhenburg geriet sie auch in den Kampf von Adel und Kirche. In jüngerer Vergangenheit kam sie in Privatbesitz, kann nur von außen besichtigt werden.

Von Burg zu Burg
Durch Betzensteins Wälder

Wir parken in der Ortsmitte von Stierberg an der Wandertafel und folgen von hier dem **Fuchsweg** (Markierung „Roter Fuchs") in westlicher Richtung zum Ort hinaus. Nach etwa 150 Metern biegt der Rotfuchs links in die Felder ab, wird zu einem Forstweg im Wald und knickt dann scharf nach links ab. Felsblöcke bauen sich vor uns auf. Wir haben die Dolomitriffe des **Langen Berges** ❶ erreicht. Das Gebiet wird als geologisches Denkmal geführt und ist beliebt in der Klettergemeinde. Selten sind die Felsen in einer so langen ununterbrochenen Linie zu bestaunen. Unter dem Blätterdach der Rotbuchen schlängelt sich ein schmaler, weicher Pfad an den imposanten Dolomitwänden vorbei. Bei jedem Schritt öffnen sich neue

Mit der „Kuppenalb" rund um Betzenstein sind die rundlichen, bewaldeten Dolomitkuppen gemeint, die wie Sahnetupfen auf einer Torte aussehen. Die „Flächenalb" sind dagegen landwirtschaftlich genutzte Hochflächen wie bei Gößweinstein und Pottenstein.

Verwöhntour 11

Ansichten, steinerne Formen, die die Fantasie anregen, Felsdurchgänge und Türme. Eine besondere Ausformung ist der **Jura-Elefant,** auf den auch ein Schild hinweist. Tatsächlich entsteht der Eindruck, ein steinalter Elefant wachse aus den Felsen heraus und mache erste Schritte in den Wald.

Nach dieser abwechslungsreichen ersten Etappe müssen wir gegen Ende des Langen Berges den Rotfuchs nach rechts verlassen (Markierung „Grüner Baum") wo ein Pfad bis zum Wanderparkplatz führt. Wir folgen der Ausschilderung auf der Landstraße in westliche Richtung in den **Weiler Münchs** und biegen am Ortsende links ab, immer der Markierung „Grüner Baum" hinterher. Die schwingt sich kurz hinter der Ortschaft in den Wald.

Bis zur Ruine Wildenfels lassen uns weiche, wenig belaufene Waldwege entspannen. Smaragdgrüner Buchenwald umgibt uns, jetzt, im Juni, leuchten überall die pinkfarbenen Blüten des Roten Waldvögleins, mit dem Frauenschuh die schönste Orchidee

Burgruine Wildenfels

der Region. Unser geübtes Auge entdeckt sogar Exemplare des Fichtenspargels. Dieses Heidekrautgewächs sieht der Vogelnestwurz sehr ähnlich, es besitzt ebenfalls kein Chlorophyll, sondern lebt parasitisch von dem Geflecht eines Mykorrhiza-Pilzes und Bäumen. Ein schönes Detail sind auch die handbemalten Wegweisersteine, die ein wahrscheinlich sehr ortskundiger Einheimischer an verwirrenden Wegkreuzungen platziert hat.

Wir umrunden das Flurstück Teufelswinkel unbeschadet und gelangen an eine Wegkreuzung, wo der Grüne Baum links nach Reipertsgesee abzweigt.

Wir halten uns jetzt an die Gelbe Raute, überschreiten irgendwann ganz unbemerkt die Grenze Oberfranken-Mittelfranken und durchlaufen den **Wil-**

Rotes Waldvöglein

 Für die Seele

In der Ruine Wildenfels genießen wir Abgeschiedenheit und Ruhe. Die Sonne brennt auf alten Mauern, Holunder und Disteln wachsen zwischen den Überresten.

denfelser Wald. Der Weg zur Ruine ist gut ausgeschildert.

Bei der Burgruine **Wildenfels** ❷ handelt es sich um die ansehnlichen Reste einer spätmittelalterlichen Adelsburg oberhalb der Ortschaft Wildenfels. Erbaut wurde sie wahrscheinlich im 13. Jahrhundert, dann wurde sie durch diverse Kriege komplett zerstört und erst 2013/2014 als Baudenkmal saniert. Reste des Bergfriedes, des Palas und der Mauern träumen malerisch vor sich hin. Unterhalb der Burg versteckt sich eine kleine Höhle, die wohl als Vorratskeller genutzt wurde.

Vor dem Bergfried lädt eine Sitzgruppe zur Rast ein, eine Tafel erzählt von der Burggeschichte. Wir

Verwöhntour 11

genießen unsere Brotzeit an diesem exklusiven Ort ausgiebig.

Dann geht es zurück zur letzten großen Wegkreuzung und wir folgen dem Grünstrich nach **Strahlenfels, zum Burgstall ❸.** Hier erhob sich im 13. Jahrhundert eine hochmittelalterliche Spornburg auf einem steilen Felsriff. Ein unmarkierter Abstecher auf das Plateau lohnt sich allemal. Dazu biegen wir von der Landstraße in die Ortsmitte links ab und nehmen dann die zweite Straße rechts, die zwischen zwei Grundstücken durchgeht. Sie wird schnell zu einem schottrigen Waldweg, es folgt ein unbewohntes Haus, gegenüber geht ein gut sichtbarer Trampelpfad die Felsen hoch, der bald zu einer alten Felstreppe wird. Oben streunen wir ein wenig über die Kuppe, entdecken die laubgefüllten Reste der Zisterne, erahnen hier und da einen Mauerrest, westwärts grüßt der Wildenfelser Bergfried.

Auch hier sorgte ein unterhalb der Burg gelegener natürlicher Höhlenkeller dafür, dass die Burgherren kein warmes Bier trinken mussten. Die Nordflanke des Burgstalls wird heutzutage gern von Kletterern bezwungen.

Landschaft bei Münchs

Strahlenfels

Wir kehren auf die Dorfstraße zurück und wandern mit dem Grünen Dreieck nach **Reipertsgesee** – wir sind wieder in Oberfranken – und von dort mit dem Blauen Kreis weiter Richtung Norden, nach Stierberg. Auf der Landstraße kurz vor Stierberg verschwinden wir auf den Spuren der Gelben Raute in den Wald. Nach wenigen Metern windet sich ein Pfad hoch zur **Ruine Stierberg** ❹.

Das Gelände der Unterburg mit Vogteihaus befindet sich in Privatbesitz und kann nicht betreten werden. Auf dem Grundstück sind auch die Zisterne und – natürlich! – der Höhlenkeller fürs kühle Bier. Allerdings wurde diese Höhle künstlich erweitert und durchzog das Felsriff bis zur Oberburg. Leider sind alle Zugänge vermauert. Erhalten sind nur noch der Turm der Vorburg mit seinem fotogenen Bogenfenster und Mauerreste.

Bei der Burg Stierberg handelte es sich um eine hochmittelalterliche Adelsburg aus dem 12. Jahrhun-

Verwöhntour 11

Reipertsgesee

Kraftnahrung Brennnessel: Wen bei einer langen Wandertour der Hungerdurchhänger ereilt, der greift am besten zu den Brennnesselsamen, die einen kräftigen Energieschub verleihen.

dert, die das Schicksal ihrer Schwesterburgen erlitt und in diversen Kriegen fast vollständig zerstört wurde, bis sie zum Schluss der örtlichen Bevölkerung als Steinbruch diente. Heute sonnt sie sich in der Beliebtheit als Wanderziel hoch über dem Ort **Stierberg.** Wir erkunden das Plateau von allen Seiten, folgen einem Felspfad an der Unterburg vorbei zu einem lauschigen Aussichtspunkt, vor dem sich die Landschaft mit ihren bewaldeten Kuppen Richtung Westen ausdehnt. Hier legen wir wieder eine kleine Pause ein und genießen den Blick.

Zwischen Unter- und Oberburg gehen steile Steinstufen direkt nach Stierberg hinunter. Uns lockt aber der verwunschen wirkende Pfad, der sich hinter dem Turm zwischen Felsblöcken und krummen Rotbuchen auf dem Schlossberg Richtung Nordost windet, markiert mit Grünpunkt. Damit schließt sich

Burgruine
Stierberg

Verwöhntour 11

landschaftlich der Kreis zur ersten Etappe rund um den Langen Berg. Der Grünpunkt setzt uns unten an der Verbindungsstraße Stierberg–Betzenstein ab, wir laufen links nach Stierberg hinein, an unserem Parkplatz vorbei und direkt zum **Landgasthof Fischer ❺**.

Die Wander-App behauptet, wir seien nur 13,2 Kilometer gelaufen, gefühlt war es die doppelte Strecke. Deshalb lassen wir es uns nach Studium der kreativen Speisekarte schmecken: Zwei herzhafte Windbeutel mit Salat – als Vorspeise für uns beide. Weiter geht es mit Kräuterpfannkuchen und Pfifferlingen zum einen, Hirschbraten mit Kloß zum anderen. Dazu ein frisches kühles Bier. Wir lassen den Wandertag auf der Terrasse des Landgasthofes in der Abendsonne ausklingen.

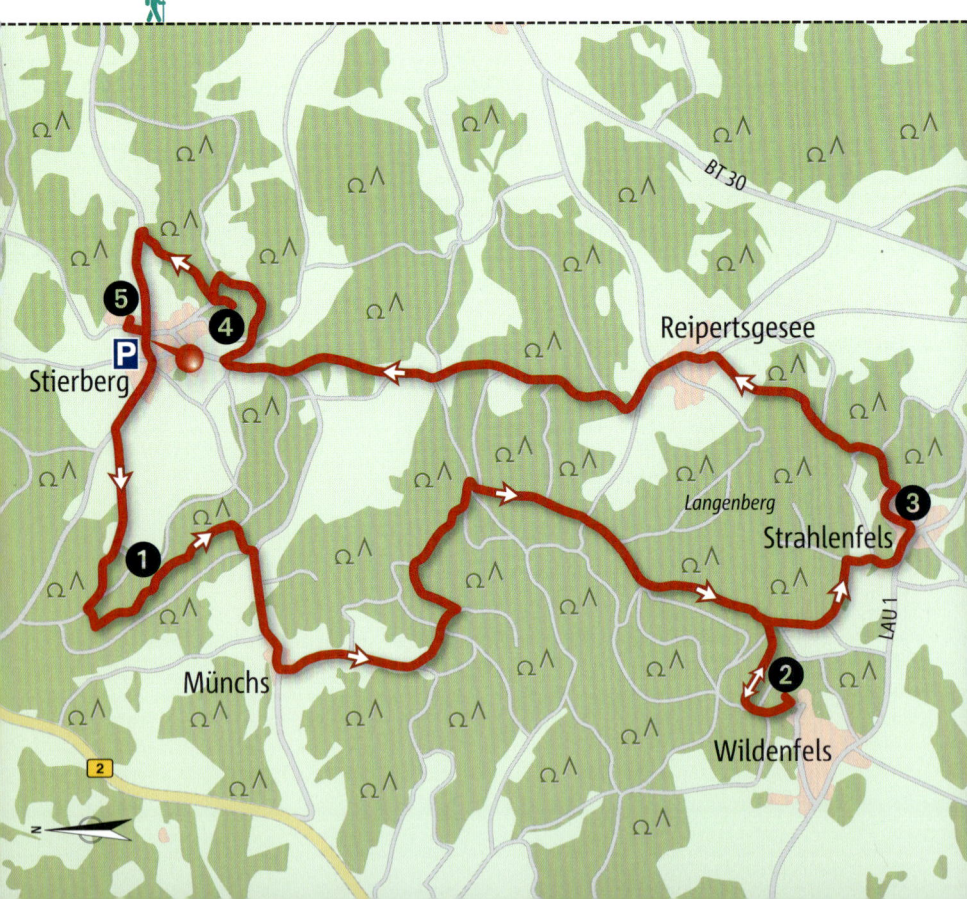

Alles auf einen Blick

WIE & WANN:
Überwiegend naturbelassene Wald- und Wanderpfade, kurze Straßenetappen. Zu jeder Jahreszeit schön.

HIN & WEG:
Auto: Wanderparkplatz in der Ortsmitte von Stierberg, 91282 Betzenstein (GPS 49.680631, 11.386373)
ÖPNV: Keine empfehlenswerten Verbindungen

ESSEN & ENTSPANNEN:
Rucksackverpflegung einpacken.
Landgasthof Fischer ❺ Stierberg 25, 91282 Betzenstein, Tel. (0 92 44) 3 84

ENTDECKEN & ERLEBEN:
Langer Berg mit Jura-Elefant ❶

Entspannung ✯✯✯✯✯
Genuss ✯✯✯✯✯
Romantik ✯✯✯✯✯

Ruine Wildenfels ❷ 91245 Simmelsdorf
Burgstall Strahlenfels ❸
Ruine Stierberg ❹ 91282 Betzenstein

- ❊ 6,3 Kilometer
- ❊ 140 Höhenmeter
- ❊ 2 Stunden
- ❊ Rundweg

Auf dem Wanderweg

Verwöhntour 12

Höhlenwelten
Romantisches Ahorntal

Das **Ahorntal** liegt zentral im Naturpark Fränkische Schweiz-Frankenjura und vereint alle seine Besonderheiten auf engstem Raum: Burg, Tropfsteinhöhle, viele kleine Wildhöhlen, ein romantisches grünes Tal mit einem klaren Bächlein und weiße Felswände mit verschlungenen Wurzelpfaden.

Wir parken auf dem großen Parkplatz vor dem Gelände der Burg Rabenstein. Der Ort hat durch die Kombination Burg, Tropfsteinhöhle, Falknerei und Biergarten eine große Anziehungskraft auf Tages- und Wandertouristen. Wer wie wir dem Zauber der Landschaft lieber ungestört verfällt, wählt einen Wochentag außerhalb der Ferienzeit für den Ausflug.

Burg Rabenstein ❶ ist eine hochmittelalterliche Adelsburg aus dem 12. Jahrhundert. Sie wurde im Dreißigjährigen Krieg fast vollständig zerstört und nur teilweise wieder aufgebaut. Trotzdem ist sie die schönste Burg des Naturparkes. Sie sieht so aus, wie

Verwöhntour 12

Blick auf die Ludwigshöhle von der Ailsbach Brücke

wir uns als Kinder immer eine richtige Ritterburg vorgestellt haben: strahlend weiß mit Türmchen und Zinnen, stolz auf einem Felssporn über einer Schlucht ragend, von Raben umflogen. Seit 2004 erlebt sie eine neue Blüte als Hotel und Veranstaltungsort. Sie kann besichtigt werden.

Zunächst lassen wir aber die Burg links bzw. rechts liegen und halten nach der Markierung „Promenadenweg" Ausschau, dargestellt durch eine Schachfigur, unserem Wegweiser für die erste Etappe. Nach wenigen 100 Metern über Fels- und Wurzelpfade durchschreiten wir ein natürliches Felstor und stehen im Vorhöhlenbereich der **Sophienhöhle ❷**.

Den Vorraum der Höhle haben schon prähistorische Menschen als Jagdstation genutzt. Der Bevölkerung war dieser Bereich über Jahrhunderte als Ahornloch bekannt. Erst im 19. Jahrhundert wurde man bei Erweiterungsarbeiten auf einen Spalt aufmerksam, aus dem ein kühler Luftzug kam. Man zwängte sich hindurch und entdeckte mehrere prachtvolle, mit Tropfsteinen bedeckte Räume. Aus Schutzgründen wurde die Höhle sofort verschlossen, weshalb sie heute noch eine beeindruckende Menge an nahezu unversehrten Tropfsteinen bietet: Sinterbe-

Romantisches Ahorntal

cken, Sinterfahnen- und vorhänge in verschiedenen Farben, Wandsinter und Tausende von Stalagmiten und Stalaktiten. Zu Recht wird sie als Deutschlands schönste Tropfsteinhöhle bezeichnet. In einer Vitrine beeindruckt das Skelett eines Höhlenbären, zusammengesetzt aus Knochenfragmenten.

Ganz verzaubert von so viel Schönheit treten wir wieder ans Tageslicht. Der Weg führt sofort bergab ins Ahorntal, wo wir die Straße und einen Wanderparkplatz queren und auf die Holzbrücke zusteuern, die den **Ailsbach** überspannt. Vor uns, über den Bäumen, tut sich schon das breite Maul der **König-Ludwig-Höhle** ❸ auf.

Bevor 1830 König Ludwig mit seiner Gattin Therese die Burg Rabenstein besuchte, hieß sie schlicht

Die Sophienhöhle kann von April bis Oktober Di.–So. besichtigt werden. Ein Highlight ist „Sophie at night". Die Höhle wird durch eine Multimediashow mit klassischer Musik und Farbenspiel in Szene gesetzt. Absolut sehenswert.

Für die Seele

Mit Geduld hat die Natur hier viele 1000 Jahre mit Wasser und Kalk Skulpturen erschaffen. Unsere Probleme erscheinen auf einmal klein und oberflächlich.

König-Ludwig-Höhle

Im Eingangsbereich der Höhle hält sich gerne Meta menardi, die Große Höhlenspinne, auf. Im Spätsommer hängen die Eierkokons von der Höhlendecke. Nachtfalter wie der Wegdornspanner und die Zimteule übertagen und überwintern hier gerne.

Kühloch, weil die Hirten mit ihren Tieren hier bei Unwetter Schutz suchten. Anlässlich des königlichen Besuches wurde sie umbenannt und der Promenadenweg mit Treppen, Aussichtsplattformen sowie Felsinschriften ausgestattet. Inzwischen ist aus dem ehemaligen reifrockgeeigneten Weg aber ein wechselhafter Pfad geworden, der vor allem bei feuchtem Wetter gutes Schuhwerk und Trittsicherheit erfordert.

Die König-Ludwig-Höhle ist eine gewaltige Felshalle mit überraschend guter Akustik, weshalb sie manchmal als Konzert- und Theaterhöhle genutzt wird. Bemerkenswert an ihr ist eine Felssäule im südlichen Teil, Tropfsteine und Sinter sind leider nicht mehr vorhanden.

Wir verlassen sie durch einen Felsdurchgang am nördlichen Ende und folgen unserer Schachfigur im Zickzack den Hang hinauf, bis wir oberhalb der Höhle auf eine Aussichtsbank stoßen. Auf der anderen Talseite sehen wir die **Klaussteinkapelle.**

Der weitere Weg führt uns an mehreren kleinen Grotten vorbei. Wir ignorieren alle anderen Wegmarkierungen und bleiben unserer Schachfigur treu! Der

Romantisches Ahorntal

Pfad öffnet sich bald in einen Rechtsbogen, der Felssporn ist von einer Durchgangshöhle durchzogen, der **Schneiderkammer** ❹. Direkt gegenüber zeigt Burg Rabenstein ihre schönste Seite. Ein tolles Fotomotiv!

Kurz vor der Schneiderkammer zweigt links ein steiler Trampelpfad zum **Schneiderloch** ab. Uns überraschen die großen Lehmhügel, die den Boden bedecken. Sie sind das Ergebnis unprofessioneller Buddelei im 18. Jahrhundert nach fossilen Knochen, die es hier reichlich gab. Apotheker der Umgebung waren die zahlungskräftigen Abnehmer der fossilen Wunderheilmittel. Ihre Namen bekamen die Höhlen, weil hier gelegentlich wandernde Schneidergesellen Unterschlupf fanden.

Die Schneiderkammer verlassen wir durch eine künstlich herausgebrochene Öffnung. Unser Weg

Klaussteinkapelle

Verwöhntour 12

Schneiderloch

Das unscheinbare und häufige Hirtentäschel ist ein richtiger Wandererfreund. Die herzförmigen Samenschötchen schmecken angenehm nussig. Sie können pur gegessen oder übers Butterbrot gestreut werden.

verliert an Höhe, bald plätschert der Ailsbach rechts von uns. Wir erreichen einen weiteren Wanderparkplatz, der vom mächtigen Überhang des Rennerfelsens dominiert wird, der zwei kleine Grotten birgt: die Etagenhöhle und die Pfaffenberger Geiskirche.

Wir überqueren die Straße ein zweites Mal und verabschieden uns auf der anderen Seite von der Schachfigur. Der Promenadenweg geht von hier wieder zurück zur Burg Rabenstein. Wir satteln um auf das „Blaukreuz", das uns bis nach **Oberailsfeld** begleiten wird. Auf der Westseite des Ailsbaches schlängelt der Weg sich entspannt durch Buchen- und Fichtenwald, immer wieder durchbrochen von malerischen Felslandschaften und einem Felsdurchgang. Wir entdecken Besonderheiten der Flora wie die auffällig rosaroten Blütenstände der betörend duftenden

Romantisches Ahorntal

Türkenbundlilie. Außerdem wächst hier der Wolfs-Eisenhut in großen Beständen. Er gehört zu den giftigsten Pflanzen Europas und kann Atemlähmung verursachen, die zum Tod führt.

Das Blaukreuz verlässt den Wald, es öffnet sich ein idyllischer Blick auf den Talabschnitt mit dem Örtchen Oberailsfeld in der Mitte, auf das der Ailsbach zumäandert. Rechts von uns ist lockerer Kiefernwald mit Magerwiesen-Unterwuchs voller Bienen und Schmetterlinge. Der Wanderweg führt direkt zu unserem Wanderziel, dem **Gasthof Held Bräu** ❺.

Die Traditionsbrauerei macht seit 1680 die Menschen glücklich mit ihrem Hopfensaft. Helles, dunkles Bauernbier, Pils und Hefeweizen werden hier nach alter Geheimrezeptur gebraut und gelten überregional als Geheimtipp. Die urige Gaststube und der schattige Biergarten sind immer gut besucht. Sogar König Ludwig soll hier einst nach einem Wagenradbruch Stärkung bei Speis und Trank und Unterschlupf in einem der Gästezimmer gefunden haben.

Neben den ganzjährig genießbaren Bieren produziert Held Bräu auch jahreszeitliche Spezialitäten: Süffiges Bockbier in der Fastenzeit und Festbier zu Weihnachten. Erhältlich vor Ort oder bei ausgesuchten Getränkehändlern, auch außerhalb Frankens.

Verwöhntour 12

Die Speisekarte offeriert deftige Brotzeiten und fränkische Spezialitäten wie Bratwürste mit Kraut. In Kombination mit einem kühlen Bier ist das ein perfektes Dinner mit zehn Punkten.

Für den Rückweg nehmen wir die Markierung „Grünpunkt", die zunächst in nördlicher Richtung auf der Landstraße aus Oberailsfeld hinausführt. An einem Steinmarterl mit Bildstock biegen wir rechts ab und lassen uns zum Abschluss über eine weite Wiesen- und Feldlandschaft führen.

Zurück auf dem Parkplatz haben wir mehrere Möglichkeiten, den Tag zu beschließen: Besichtigen wir die Burg Rabenstein oder gönnen wir uns noch Kaffee und Kuchen im **Biergarten der Gutsschenke ❻**?

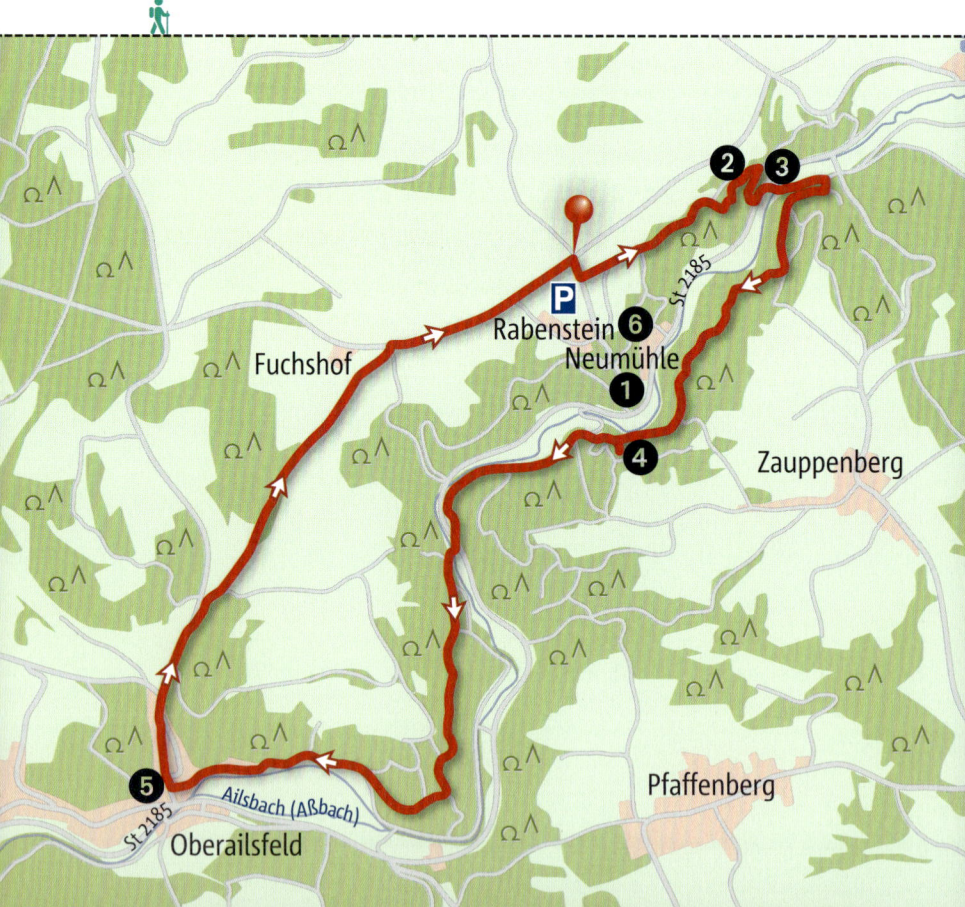

Alles auf einen Blick

WIE & WANN:
Teilweise Stein- und Wurzelpfade, überwiegend Waldwege.
Beste Wanderzeit ist von Frühling bis Herbst.

HIN & WEG:
Auto: Parkplatz vor Burg Rabenstein, Rabenstein 33, 95491 Ahorntal
(GPS 49.823867, 11.369374)
ÖPNV: Bus 396 Bayreuth Altstadt–Gößweinstein bis Rabenstein (Mo.–Fr.),
VGN-Linie 343 von Pegnitz bis Rabenstein (Sa., So., Feiertage).
Bis zur Burg etwa 1 km Fußweg

ESSEN & ENTSPANNEN:
Gasthof Held Bräu ❺ Oberailsfeld 19, 95491 Ahorntal, Tel. (0 92 42) 2 95
Gutsschenke und Biergarten Burg Rabenstein ❻ Rabenstein 33,
95491 Ahorntal, Tel. (0 92 02) 9 70 04 40

Entspannung ★★★★★
Genuss ★★★★★
Romantik ★★★★★

ENTDECKEN & ERLEBEN:
Burg Rabenstein ❶ Rabenstein 33, 95491 Ahorntal
Sophienhöhle ❷ 95491 Ahorntal
König-Ludwig-Höhle ❸ 95491 Ahorntal
Schneiderkammer und Schneiderloch ❹

- 7,7 Kilometer
- 260 Höhenmeter
- 2,5 Stunden
- Rundweg

Entschleunigungstour 13

Felsgeheimnisse
Der raue Osten des Naturparks

Der östliche Teil des Naturparkes Fränkische Schweiz-Frankenjura mit seinen Gemeinden Hirschbach, Königstein, Auerbach und Neukirchen gehört bereits zur Oberpfalz. Touristisch ist das Gebiet wenig erschlossen, landschaftlich aber mindestens genauso reizvoll wie der Norden oder die zentrale Fränkische Schweiz. Ein besonderes Juwel ist das **Hirschbachtal,** das sich von Eschenfelden (Oberpfalz) bis Eschenbach (Mittelfranken) zieht.

Im Wald verstecken sich imposante Dolomitriffe, die Kletterer aus der ganzen Welt nach Hirschbach locken. Eine besondere Herausforderung sind auch der **Höhenglücksteig,** ein alpiner Klettersteig, und der Norissteig. Für beide Touren braucht man eine professionelle Kletterausrüstung, Schwindelfreiheit und idealerweise einen ortskundigen Guide. Wir wollen das Gebiet ganz gemütlich zu Fuß erkunden.

Auf dem Weg nach Hirschbach halten wir am Ortsausgang von Fischbrunn an und decken uns mit Verpflegung bei **Bärenbrot** ❶ ein, einer jungen **Bäckerei,** die Unglaubliches mit Mehl und Hefe anzustellen

Der Höhenglücksteig wurde in den 1930er-Jahren von der Alpinen Gesellschaft Höhenglück errichtet. Er ist 1 Kilometer lang und besteht aus drei Teilen, in einigen Abschnitten ist großer Kraftaufwand nötig. Sein höchster Punkt ist der Lug ins Land mit knapp 600 Metern.

weiß. Geparkt wird auf dem Wanderparkplatz im Reichental (Straße Richtung Loch).

Wir gehen die kleine Teerstraße bis zur Ortsmitte zurück, gegenüber vom Gasthof Goldener Hirsch hängt eine große Wandertafel. Die Markierung „Grüne 3" (weiße 3 auf grünem Grund) begleitet uns während der ersten Etappe. Sie führt über die Straße und

Entschleunigungstour 13

den **Hirschbach,** auf der anderen Seite an den Häusern vorbei leicht bergauf. Am Waldrand biegen wir links ab. Hinter den letzten Häusern, zwischen einer Garage und einem Ferienhaus, verschwindet die grüne 3 fast unbemerkt im Buchenwald, hier kurz aufpassen.

Frauenschuh

Und schon umfängt uns smaragdene Stille. Die wenigsten wissen, dass sich die Kletterfelsen in einem **FFH-Gebiet** ❷ (Fauna-Flora-Habitat) befinden, das sich durch strukturreiche Wälder, touristisch unerschlossene Höhlen und wilde Orchideen auszeichnet. Schon nach wenigen Metern entdecken unsere kundigen Augen die ersten Exemplare wie die Vogelnestwurz und das Große Zweiblatt. Beide Arten sind eher unauffällig, was sie davor schützt, gepflückt zu werden. Während der Wanderung werden wir noch auf das Weiße Waldvöglein treffen, die Waldhyazinthe, das Brandknabenkraut und den Frauenschuh, der mit seinen großen dunkelrot-gelben Blüten mit tropischen Orchideen locker mithält.

Der Waldpfad geht beständig weiter bergauf, bis wir einen Sattel mit Ruhebank erreichen. Uns eröffnet sich ein idyllischer Blick auf eine kleine Acker-Hecken-Wiesenlandschaft. Waldsteppenanemonen, Salomonsiegel und Quendel wachsen auf den Magerwiesen. Es duftet nach Harz, Bäumen und Kräutern.

Orchideen sind Halbschmarotzer, die mit ihren Haustorien unterirdisch Pilzmyzele anzapfen. Da diese Pilze ebenfalls eine Partnerschaft mit bestimmten Baumarten pflegen, handelt es sich hier um ein sensibles Geflecht.

Wir biegen nach links in den Wald ab und erreichen eine Felsformation, in der sich eine Kleinhöhle mit Durchschlupf und „Dachfenster" befindet. Rund 200 Meter weiter kommen wir zum Eingangsportal der **Cäciliengrotte** ❸. Dabei handelt es sich um eine Höhlenruine, also eine Höhle, in der keine Tropfsteinbildung mehr stattfindet, die vielmehr allmählich zerfällt. Verschiedene Deckeneinbrüche haben reizvolle Felsbögen und Kamine geschaffen, durch die

Der raue Osten des Naturparks

das Tageslicht hereinkommt. Über eine Verbruchstufe erreichen wir die zweite, 15 Meter lange Halle. Die Höhle ist ein Sommer- und Winterquartier für verschiedene Fledermausarten. Leider wird sie trotz entsprechender Hinweisschilder mit illegalen Lagerfeuern verunstaltet.

Die grüne 3 zieht uns weiter bergauf bis zum **Prellstein** ❹. Rechts von uns ist die Bergwachthütte. Der Prellstein oder auch Brunnstein ist ein isoliert stehender Dolomitturm, der mit etwas Geschick erklettert werden kann und einen herrlichen Blick über die Baumwipfel erlaubt.

Wir steigen hier um auf die Markierung „Grünstrich", die zwischen dem Ausstieg des Höhlenglücksteiges Teil 2 und dem Einstieg zu Teil 3 steil bergauf führt. Rechts und links erheben sich eindrucksvolle Felswände. Oben angekommen – wir stellen atemlos fest, dass es bis jetzt ausschließlich bergauf ging – verlassen wir kurz den Grünstrich zugunsten der grünen 2 (weiße 2 auf Grün). Denn nur diese eine Markierung führt zum **Aussichtspunkt Himmel** ❺. Die Rotbuchen werden immer kleiner und verwachsener, sie müssen

Der Waldmeister ist hier oft in großen Beständen zu finden. Für Wanderer ist er ein wichtiger Wetterprophet: Wenn er sehr intensiv duftet, wird es bald regnen. Also schnell den Rückweg einschlagen, eine Höhle aufsuchen oder die Regenjacke auspacken.

Waldmeisterbowle: Waldmeister anwelken lassen, damit er seinen Duft entfalten kann, ihn in ein Bowlegefäß hängen, ihn mit trockenem Weißwein übergießen und Zitronenscheiben dazugeben. Das Ganze 2 Stunden ziehen lassen und vor dem Servieren mit Sekt auffüllen. Prost!

✿ Für die Seele

Am Aussichtspunkt Himmel nehmen wir uns Zeit zum Schauen, Lauschen und Genießen.

Entschleunigungstour 13

hier oben Hitze, Sturm und Frost trotzen. An exponierter Stelle erwartet uns eine Aussichtsbank mit dem schönsten Fernblick weit und breit. Westlich erkennen wir den Buckel des Moritzberges und den Fernsehturm von Nürnberg. Weiter nördlich die Umrisse der Burg Hohenstein (siehe Verwöhntour 10), noch ein Stück weiter den Fernsehturm bei Betzen-

Aussichtspunkt Himmel

Der raue Osten des Naturparks

stein. Unter uns breiten sich bewaldete Felskuppen aus, durchbrochen von kleinen Wiesen und Feldern. An diesem himmlischen Platz packen wir den bärigen Flammkuchen und Kaffee aus und machen es uns gemütlich. Hier oben könnten wir ewig sitzen.

Die grüne 2 führt uns an der Felskante entlang, durch Wald und wieder dem Grünstrich zu. Der führt leicht bergab bis zu einer Wegekreuzung. Links verschwindet die grüne 2 im Wald. Rechts würden wir den Einstieg zum Höhenglücksteig erreichen. Direkt vor uns erhebt sich ein Felsmassiv. Genau dort geht der Grünstrich weiter, wir haben die abenteuerlichste Etappe erreicht, die etwas Trittsicherheit und freie Hände erfordert. Über Felsbrocken geht es im Zickzackkurs bergauf, oben über einen Felsgrat schwungvoll weiter, und dann wieder etwas gemäßigter bergab.

Silberdistel

Unten angekommen, treffen wir auf die Markierung „PP" (Paul-Pfinzing-Wanderweg), der wir ein kurzes Stück nach rechts am Wiesenrand entlang folgen (westwärts), bis sie auf den Blaupunkt stößt. Der wird uns bis nach Hirschbach zurückbringen und bis dahin noch einige sehenswerte Formationen des Felsgebietes zeigen.

Nach kurzer Strecke biegt der Blaupunkt rechts ab und schwingt sich den Azelstein hoch, um dann auf das Castell 6 zuzusteuern. Die Felsen erinnern an eine

Entschleunigungstour 13

Burgruine mit zwei ovalen Fenstern, die nach Norden und Westen schauen.

Der Blaupunkt geht jetzt wieder bergab, umrundet den Sprungstein und die imposante Felswand Norisbrettl, um auf das **Noristörl** ❼ zuzusteuern, das so etwas wie das Wahrzeichen des Wandergebietes ist. Der Durchgang des freistehenden Felstores ist 3 Meter hoch und 2 Meter breit. In den Wanderkarten ist es als Aussichtspunkt vermerkt, aber das muss mindestens 40 Jahre her sein. Es gehört zum Norissteig und tatsächlich können wir Menschen beobachten, die über den Torbogen klettern anstatt, wie wir, einfach staunend davor zu stehen.

Ein kleines Stück Felsgrat, dann biegt der Blaupunkt rechts ab in eine Hohlgasse, windet sich durch den Wald und trifft auf eine Wiesenlandschaft. Hier würde er direkt nach Hirschbach führen. Wir machen aber einen Bogen zur **Mittelbergwand** ❽ mit der grünen 3.

Achtung, Absturzgefahr! Zum Gipfelkreuz der Mittelbergwand führt ein schmaler, steiniger Pfad. Wir halten uns immer rechts, denn links geht die

Noristörl

Cäciliengrotte

Entschleunigungstour 13

Wand senkrecht 30 Meter in die Tiefe. Oben wachsen zerzauste Eichen, im zeitigen Frühjahr trotzen hier Küchenschellen und Felsenhungerblümchen dem rauen Klima. Vom Gipfelkreuz aus haben wir noch einmal einen herrlichen Abschlussblick aufs Hirschbachtal Richtung Südwesten. Dieser Ausblick gefällt seit einigen Jahren einem Wanderfalkenpaar, das irgendwo rechts vom Kreuz in den Felsklippen lebt. Ihm zuliebe darf die Wand einige Monate im Jahr nicht beklettert werden.

Wir kehren zurück zum Blaupunkt, bestaunen die Mittelbergwand von unten, landen auf einem Talweg mit vielen Markierungen und laufen entspannt am Hirschbach entlang zurück zum Wanderparkplatz.

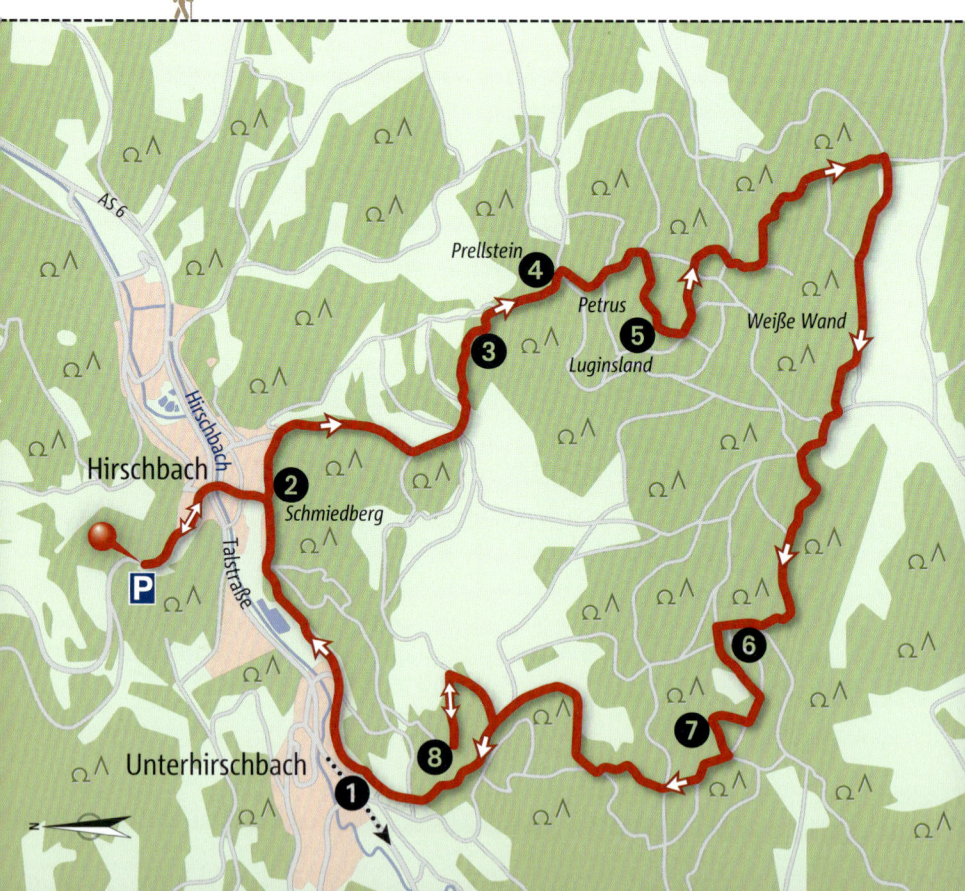

Alles auf einen Blick

WIE & WANN:
Weiche Wald- und Wiesenwege, schmalere Stein- und Wurzelpfade.
Besonders schön im Frühling (Mai: Waldmeister- und Orchideenblüte), Herbst und Winter.

HIN & WEG:
Auto: Wanderparkplatz Im Reichental, 92275 Hirschbach (GPS 49.556566, 11.533911)
ÖPNV: Bus 446 von Hersbruck bis Hirschbach/Dorfmitte

ESSEN & ENTSPANNEN:
Rucksackverpflegung und Taschenlampe einpacken.
Bäckerei Bärenbrot ❶ Fischbrunn 16, 91224 Pommelsbrunn, Tel. (0 91 54) 9 14 86 61

ENTDECKEN & ERLEBEN:
FFH-Gebiet Wälder im Oberpfälzer Jura ❷
Cäciliengrotte ❸
Prellstein ❹
Aussichtspunkt Himmel ❺
Castell ❻
Noristörl ❼
Mittelbergwand ❽

Entspannung ★★★★★
Genuss ★★★★★
Romantik ★★★★★

Entschleunigungstour 14

Im südlichen Teil des Naturparkes Fränkische Schweiz-Frankenjura liegt die beschauliche Gemeinde **Obertrubach,** unser heutiges Ziel. Um 1007 herum wurde die „Siedlung an einem trüben Bach" erstmalig erwähnt. In der Ortsmitte, an der Hauptstraße, entspringt die Quelle des gleichnamigen Trubachs, der nach 21 Kilometern bei Pretzfeld in die Wiesent mündet, vorher aber noch eine malerische Landschaft prägt.

Am südlichen Ortsrand vom Obertrubach liegt das Kletter-Infozentrum Fränkische Schweiz mit Seilpyramide, Balancierbalken, Boulderwand und Kneippbecken. Interessierte können sich hier über den Klettersport informieren und Gleichgesinnte treffen.

Auf dem Weg zum Wanderparkplatz halten wir noch am **Dorfladen Obertrubach** ❶ an, der Leckereien aus der Region feilbietet wie frisches Brot und Kuchen, Käse und Wurstaufschnitt sowie diverse Kräuterschmankerl. Dort decken wir uns für den heutigen Ausflug ein.

Wir parken auf dem großen Wanderparkplatz an der Verbindungsstraße Obertrubach–Bärnfels und suchen auf der Wandertafel die Markierungen „5" und „Gelbes Dreieck". Die Wanderung beginnt auf einem breiten Feldweg, an dem die zahlreichen Markierungen des Wandergebietes starten und enden.

Der im April reichlich vorhandene Löwenzahn ist eine Kraftnahrung für erschöpfte Wanderer. Die Milchsaft führenden Stängel sind nicht giftig, sondern erfrischend und belebend. Zwei bis vier davon langsam kauen – und schon kann die Wanderung weitergehen.

Grenzgänger
Die Wälder Obertrubachs

Unsere Wegweiser zweigen nach rund 200 Metern nach links in nördlicher Richtung ab und führen in gemächlichen Kurven durchs **Gründleintal.** Im zeitigen Frühjahr stehen die Schlehen- und Weißdornhecken in voller Blüte. Die Landschaft sieht aus wie mit Schaumkronen überzogen. Das Grün der Rotbuchen ist noch hell und zart, die Wiesen sind gelb vom Lö-

Entschleunigungstour 14

Hosenknopfstein

wenzahn. Diese malerische, abwechslungsreiche Landschaft wird uns die ganze Tour über begleiten, hinter jeder Wegbiegung öffnen sich neue, sanfte Bilder von Wäldern, Wiesen und Hecken, die eng verzahnt eine vielfältige Fauna und Flora beherbergen.

Bald erreichen wir das Felsgebiet rund um Bärnfels, links von uns heißt uns der **Hosenknopfstein** ❷ willkommen, ein isoliert stehender Felsen, der wiederum einen fast kugelrunden Felsbrocken trägt. Rechts von uns erheben sich eindrucksvolle Dolomitriffe, an denen sich Kletterer erproben.

Nach wenigen Schritten sind wir in der Ortschaft **Bärnfels** und folgen der Ausschilderung zur gleichnamigen **Burgruine** ❸, die über einige Stufen zu erreichen ist. Die spätmittelalterliche Adelsburg erhob sich 515 Meter ü. NN und hatte nur eine kurze Blütezeit. Erbaut im 14. Jahrhundert, wurde sie schon 200 Jahre später niedergebrannt und nie wieder aufgebaut. Wir können noch die Reste der Umfassungsmauern und die ehemalige Kemenate in unserer Fantasie rekonstruieren. Die sanierten Ruinenreste sind heute in Besitz der Familie von Egloffstein, die die Burg auch gegründet haben soll. Wir genießen vom Landschaftssofa aus den schönen Blick auf die Frankenalb, die Ortschaft und das Kirchlein Maria Schnee.

Zurück auf der Straße geht es mit der Markierung „Blaupunkt" bis **Soranger** weiter. Ein kurzes Stück Landstraße in östlicher Richtung, rechts und links blühende Obstbäume, dann biegt die Markierung

Löwenzahnknospen in der Pfanne gebraten. Die noch geschlossenen Knospen des Löwenzahns sind kleine, feine Powerpakete. Mit gewürfelten Zwiebeln und etwas Speck in der Pfanne gebraten, ergeben sie eine sättigende Beilage.

Die Wälder Obertrubachs

links auf einen Feldweg ab und hält auf ein Waldstück zu. Hier verlassen wir den Blaupunkt und drehen mit dem Grünstrich eine Ehrenrunde um den **Wolfstein** ❹, mit 580 Meter die höchste Erhebung in der Bärnfelser

Burgruine Bärnfels

✿ Für die Seele

Weiche Wald- und Talwege, blühende Hecken, Laubwald mit moosbedeckten Felsen und die bunten Farbtupfer der Blumen: Unsere Seele fühlt sich gestreichelt.

Flur. Eine imposantes Dolomitmassiv, das plötzlich im Wald erscheint und als Naturdenkmal ausgewiesen ist. Nördlich des Wolfsteines liegt der Galgenberg, vor langer Zeit tatsächlich ein Henkersplatz mit Galgen.

Zurück zum Blaupunkt lassen wir uns durch eine kurzweilige Waldlandschaft nach Soranger begleiten,

Entschleunigungstour 14

Fernblick Ruine Leienfels

wo wir auf den Frankenweg umsteigen (Markierung „F auf rotem Querbalken"), der südwärts auf die **Ruine Leienfels** ❺ zusteuert, unserem Tageshighlight.

Nach der kleinen Teerstraße erklimmen wir den Schlossberg, die einzige nennenswerte Steigung an diesem Tag, und kommen im 40-Seelen-Örtchen **Leienfels** heraus. Wir wenden uns nach rechts, vorbei an einer kleinen Kapelle und dem alten Forsthaus. Durch malerische Torreste betreten wir die Ruinenanlage.

590 Meter ü. NN ragt die **Löwenburg** über die umgebenden Täler auf und bietet vom Aussichtspunkt Kaltes Eck bei gutem Wetter einen 30 Kilometer weiten Fernblick. Erbaut wurde die spätmittelalterliche Adelsburg erst im 14. Jahrhundert von den Egloffstei-

nern, seit dem 17. Jahrhundert ist sie verfallen. Wir erkunden die romantische Ruine ausgiebig: Links ein kleiner eingestürzter Turm, rechts lädt ein Mauerrest zum Begehen ein, geradeaus geht es durch die ehemaligen Burggänge zum Felssporn. Hier steht eine Aussichtsbank für unsere Brotzeit bereit. Die frische Luft war appetitanregend, also packen wir die Schmankerl aus dem Dorfladen aus und genießen das spontane Picknick. Wer fränkische Küche oder selbst gebackene Kuchen bevorzugt, kann im **Gasthof Zur Burgruine** ❻ einkehren.

Für den Rückweg nehmen wir die Markierung „Frankenweg", die auf der Ostseite des Schlossberges bergab führt. Links und rechts tauchen im Wald immer wieder mächtige Felsriffe auf, in denen linker

Entschleunigungstour 14

Ruine Leienfels

Pitztal

Die Wälder Obertrubachs

Fraischstein

Hand das Naturdenkmal Steinkirche versteckt ist. Weiter unten trifft der Weg auf einen breiten Forstweg, dem wir rechts folgen.

Nach etwa 300 Metern entdecken wir rechts am Wegesrand einen besonderen Grenzstein, einen **Fraischstein** ❼. Auf dem etwa 80 Zentimeter hohen Block können wir die Zahl 1607 entziffern, ein Schwert, eine Art Posthorn und Wappen erkennen. Es handelt sich um einen von 24 oder 25 Fraischsteinen, die hier eine historische Grenze markieren. 1607 bestand das Heilige Römische Reich Deutscher Nati-

Entschleunigungstour 14

on aus vielen kleinen Herrschaftsgebieten. Hier trafen die Grenzen des Bistums Bamberg und der Reichsstadt Nürnberg aufeinander.

Kurz darauf macht der Weg eine Rechtskurve und verläuft durch eine friedliche Wald-Wiesenlandschaft. Wir sind im **Pitztal,** das südlich der Löwenburg verläuft und einen zweiten Fraischstein parat hält. Wir bleiben jetzt im Tal und halten mehr oder weniger geradeaus, ohne uns von einer der vielen Abzweigungen verführen zu lassen.

Das letzte Stückchen geht durch einen verwunschen wirkenden Hohlweg, bis sich das Pitztal wieder öffnet und der Weg westwärts schwenkt. Wir kommen am Einstieg unserer Tour vorbei und sind auch schon zurück am Parkplatz.

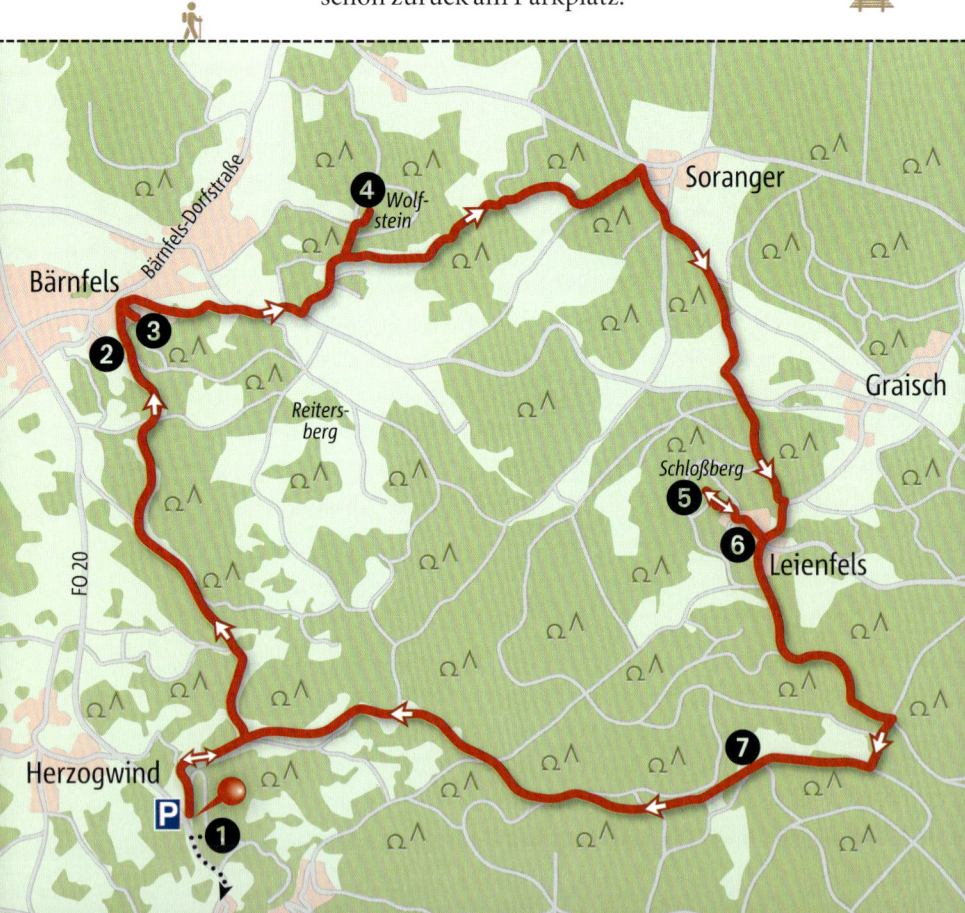

Alles auf einen Blick

WIE & WANN:
Überwiegend naturbelassene, weiche Wald- und Wiesenwege.
Besonders schön im Frühling zur Schlehen- und Weißdornblüte, auch im Herbst und Winter empfehlenswert, weil dann die Felsen besser sichtbar sind.

HIN & WEG:
Auto: Wanderparkplatz am nördlichen Ortsausgang, Straße Richtung Bärnfels, 91286 Obertrubach (GPS 49.7022418, 11.3345154)
ÖPNV: Bus 229 Gräfenberg Bf.–Obertrubach (4 x tägl.),
Bus 222 Forchheim Bf.–Obertrubach (5 x tägl.)

ESSEN & ENTSPANNEN:
Rucksackverpflegung einpacken.
Dorfladen Obertrubach ❶ Trubachtalstraße 2, 91286 Obertrubach, Tel. (0 92 45) 9 83 66 08
Gasthof-Pension Zur Burgruine ❻ Leienfels 2, 91278 Pottenstein, Tel. (0 92 44) 3 66

ENTDECKEN & ERLEBEN:
Hosenknopfstein ❷
Ruine Bärnfels ❸ Bärnfels-Dorfstraße 32, 91286 Obertrubach
Wolfstein ❹
Ruine Leienfels ❺ 91278 Pottenstein
Fraischstein ❼

Entspannung ✦✦✦✦✦
Genuss ✦✦✦✦✦
Romantik ✦✦✦✦✦

- 15 Kilometer
- 300 Höhenmeter
- 4,5 Stunden
- Rundweg

Entschleunigungstour 15

Eingebettet im Herzen des Naturparks Fränkische Schweiz-Frankenjura liegt das Aufseßtal. Das Flüsschen entspringt im oberfränkischen Königsfeld und teilt die Landschaft auf 30 Kilometer grob in einen östlichen und westlichen Teil. Bei der Einöde Doos mündet es in die Wiesent und hier beginnt auch unsere Tour.

Wir parken auf dem Wanderparkplatz direkt an der Straße gegenüber dem alten Hotel Doos, gehen ein Stückchen auf der Straße zurück zur Wandertafel und folgen der Ausschilderung zur Burg Rabeneck, dem Blauen Ring.

Wir überqueren auf einer Holzbrücke die Wiesent, rechts von uns hören wir den Doos , wo die Aufseß in die Wiesent mündet. Der Name kommt von „Toos" (= Tosender Wasserfall). Hier donnerte vor 200 Jahren noch ein 4 Meter hoher Wasserfall über Kalktuff in die Tiefe. Er galt als der schönste Wasserfall Frankens und zog zahlreiche Romantiker an. Mitte des 19. Jahrhunderts aber entdeckten Bauern aus Engelhardsberg den Kalktuff als günstiges und leichtes Bau-

Nicht nur die Engelhardsberger haben Kalktuff als Baumaterial entdeckt. An vielen repräsentativen Gebäuden wie dem Ulmer Münster, dem Stuttgarter Schloss oder der Burghauser Burg wurde u. a. mit Kalktuff gebaut.

Sommerfarben
Das idyllische Aufseßtal

material und verbauten das Material in die Gewölbedecken ihrer Kuhställe. Auch davon ist nichts mehr erhalten – bis auf die Gewölbedecken des Gasthauses Saugendorf, zuletzt mit einem griechischen Restaurant bewirtschaftet, im Moment aber geschlossen. Heute rauscht das Wasser nur noch über 2 Meter in die Tiefe, immer noch beeindruckend. Wir schlüpfen

Entschleunigungstour 15

unter dem Geländer hindurch und folgen dem Trampelpfad 30 Meter entlang, bis wir den schwer erreichbaren Doos hören und sehen können.

Am anderen Ende der Brücke, auf dem Wiesenttalwanderweg, machen wir erst mal einen Abstecher zum **Sieghardstor** ❷ und folgen der rot-weißen Markierung Richtung Köttweinsdorf. Es geht geradewegs steil bergauf. Auf der Hochfläche angekommen, bauen sich rechts die imposanten Felswände des Sieghardsfelsens auf. Wir stehen jetzt oberhalb des eigentlichen Tores, aber der Platz ist so ruhig und besonders, dass wir hier unsere erste Pause zum Gedankenaustausch machen. Zum Torbogen führt ein Trampelpfad links unterhalb der Felsen. Wir fühlen uns zwergenklein im Angesicht dieses Naturwunders.

Doos

Nach dem Abstieg und wieder auf dem Talweg angekommen, schlendern wir gemütlich den Blauring entlang. Links von uns rauscht die Wiesent, im Sommer begleitet von farbenfrohen Insektenpflanzen: die pinken Blüten des Indischen Springkrauts sind ein Schlaraffenland für Hummeln, am zartrosa Baldrian saugen der Kleine Eisvogel und der Admiral, über allem liegt der Vanilleduft des cremeweißen Mädesüß, der die Bienen anlockt.

Viel zu schnell taucht rechts der Wegweiser zur Burg Rabeneck auf. Jetzt heißt es wieder, einen steilen Serpentinenweg auf die Hochfläche anzugehen. Unterhalb der Burg führt ein abenteuerlicher **Felsensteig** ❸ durch zwei kleine Durchgangshöhlen, vorbei an einer mit einem Gitter verschlossenen Höhle und einem Felsüberhang mit Ruhebänkchen. Im Hangwald entdecken wir sogar den Hirschzungen-Farn, eine Rote-Liste-Art, die in Deutschland nur noch punktuell vor-

Mädesüß: Die „Wiesenkönigin" säumt im Hochsommer Bach- und Teichränder. Bei Kopfschmerzen, Zahnschmerzen, schlechtem Atem und zum allgemeinen Desinfizieren die gereinigte Wurzel kauen, die Salicylsäureverbindungen enthält.

Burg Rabeneck

kommt. Der Felsensteig mit seinen Stufen und Ruhebänken wurde 1829 vom damaligen Burgbesitzer geschaffen, als er die Burg instand setzen ließ.

Links der auf einer Felszunge balancierenden Burgkapelle erreichen wir die **Burg Rabeneck** ❹. Leider ist der Biergarten heute nicht geöffnet und es finden keine Burgführungen statt, also bewundern wir das Gemäuer von außen. Burg Rabeneck überragt auf ei-

In der mittelalterlichen Kulisse der Burg Rabeneck finden regelmäßig kulturelle Veranstaltungen statt, wie fränkisches Mundartkabarett. Aktuelle Informationen unter www.burg-rabeneck.com

 ## Für die Seele

Unsere Seele genießt die Farbenpracht des Sommers mit seinen plötzlichen Wechseln.

nem schroffen Felssporn auf 415 Meter ü. NN das Wiesenttal. Die Endung -eck weist darauf hin, dass sie etwas jünger ist als ihre nur 3 Kilometer entfernte Schwesterburg Rabenstein. Erste Erwähnungen gehen auf das 13. Jahrhundert zurück. Über dem Tor erkennen wir das Familienwappen mit den zwei namensgebenden Raben. Nach einer wechselhaften

Entschleunigungstour 15

Geschichte kam die Burg 1975 mit den heutigen Besitzern zur Ruhe. Die Mittelalterkulisse verleiht privaten Festen und Firmenevents das gewisse Etwas. Am Wochenende ist auch der schattige **Biergarten** ❺ geöffnet.

Wir steigen wieder ins Wiesenttal ab zur Rabenecker Mühle und überqueren mit der Markierung „Roter Ring" die Wiesent und die Straße. Auf der anderen Talseite verschwindet der Weg sofort kräftig bergauf im Wald. Nach etwa 100 Metern verbirgt sich im Felsgewirr links des Weges die **Saugendorfer Höhle.**

Der Rote Ring führt uns durchs Dörfchen **Saugendorf** und dann auf Feld- und Wiesenwegen quer über die Hochebene zwischen Wiesent- und Aufseßtal. Im Hochsommer leuchten die Wegränder in allen Farben: Goldgelb vom Johanniskraut, dunkles Rosa vom Dost, zartes Lila der Witwenblumen und dunkles Violett der Flockenblumen. Überall flattern Schmetterlinge und summen Wildbienen.

Der Rotring trifft auf das Verbindungssträßchen Gösseldorf–Schönhaid–Hubenberg. Wir folgen ihm erst rechts und biegen dann vor Schönhaid links auf

Aufseßtal

Das idyllische Aufseßtal

einen unmarkierten Feldweg ab. Jetzt kommt eine Wegetappe mit unmarkierten, aber gut begehbaren Feldwegen. Wir umrunden Schönhaid und treffen auf die Verbindungsstraße Seelig–Hubenberg, gehen knappe 100 Meter links auf der Straße, rechts von uns drei Wohnhäuser, dann ein Marterl, bei dem ein Feldweg rechts (Richtung Norden) abzweigt. Dort biegen wir in eine friedliche Wiesenlandschaft ein. Der Feldweg trifft nach kurzer Zeit wieder auf einen alten Bekannten, den Blauring, dem wir links entlang – westwärts – folgen. Nach einigen gemütlichen, sonnigen Kurven rückt der Wald erneut an den Weg heran, es wird steiler, felsiger und schattiger. Wir haben den Katzengraben erreicht, ein verträumtes Trockental, das direkt ins Aufseßtal führt. Wir folgen der Markierung links entlang, flussabwärts.

Kuchenmühle

Das **Aufseßtal** ❻ gehört zu den wenigen völlig straßen- und autofreien Tälern unserer Landschaft. Das verträumte Idyll genießen wir am besten zu Fuß, so bleibt genug Zeit für die vielen Details am Wegesrand. In der Talmitte mäandert die kristallklare **Aufseß.** An einer passenden Stelle mit Ruhebank streifen wir Wanderschuhe und Socken ab und waten durchs kühle, nein, eher kalte Nass. Was für eine Wohltat nach der Sommerhitze der Hochebene!

Wiesen mit Mädesüß, Wilder Möhre und Baldrian begleiten das Flüsschen. An den Waldrändern breitet sich eine typische Magerwiesenvegetation aus Ochsenaugen, Dost, Graslilien, Kartäusernelken und Flockenblumen aus. Darauf spezialisierte Tagfalter wie verschiedene Bläulinge, Schachbrettfalter und Blutströpfchen fühlen sich hier wohl.

Mädesüß-Limonade: Die frischen Blütenstände riechen nach Honig und Vanille. Mit Mineralwasser und Apfelschorle übergießen, 2 Stunden ziehen lassen und fertig ist eine Wiesenlimo, die nach Sommer schmeckt!

Entschleunigungstour 15

Nach etwa 2 Kilometern erreichen wir die Einöde **Kuchenmühle** ❼. Die Wassermühle wurde 1451 erstmalig erwähnt. Ihre Erbauer waren nicht etwa famose Kuchenbäcker, sondern hießen schlicht und einfach „Kuch". Heute hat sie ihre wahre Bestimmung gefunden und stärkt den unterzuckerten Wanderer mit Kaffee und Kuchen sowie herzhaften Speisen. Auch wir lassen uns im schattigen Biergarten nieder.

Gedopt mit Koffein und Apfelkuchen legen wir die letzten 2 Kilometer entspannt und zufrieden zurück. Wir kommen direkt am ehemaligen Sommerfrischlerhotel Doos vorbei, das heute eine sozialtherapeutische Einrichtung beherbergt. Rechts des Weges wurde ein frei begehbarer **Duft- und Kräutergarten** angelegt, den wir als gelungenen Abschluss besuchen.

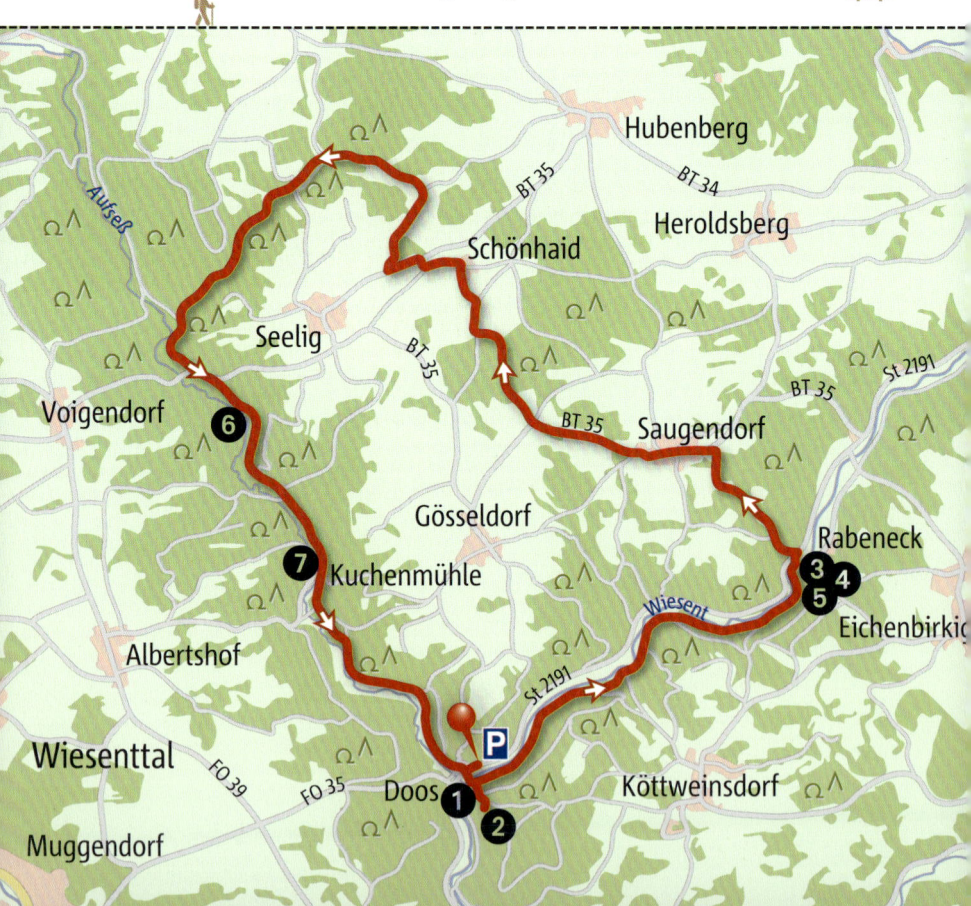

Alles auf einen Blick

WIE & WANN:
Meist breite, gut ausgeschilderte Tal- und Wiesenwege, ein kurzes Stück ohne Markierung. Am schönsten von Juni bis August wegen der Blüten- und Tagfaltervielfalt, aber auch im Frühling und Herbst empfehlenswert.

HIN & WEG:
Auto: Wanderparkplatz Doos, 91344 Waischenfeld
ÖPNV: Keine empfehlenswerten Verbindungen

ESSEN & ENTSPANNEN:
Biergarten Burg Rabeneck ❺ 91344 Waischenfeld, Tel. (0 92 02) 5 65
Kuchenmühle ❼ Kuchenmühle 21, 91346 Wiesenttal, Tel. (0 91 96) 3 77

ENTDECKEN & ERLEBEN:
Doos ❶
Sieghardstor ❷
Felsensteig und Höhlen ❸
Burg Rabeneck ❹ 91344 Waischenfeld
Aufseßtal ❻

Entspannung ✦✦✦✦✦
Genuss ✦✦✦✦✦
Romantik ✦✦✦✦✦

- ✼ 8,75 Kilometer
- ✼ 210 Höhenmeter
- ✼ 2,5 Stunden
- ✼ Rundweg

Druidenhain

Entschleunigungstour 16

Oberhalb des Wiesenttales bei **Muggendorf,** nahe beim Örtchen Wohlmannsgesees, liegt der inzwischen sagenumwobene Druidenhain. Ein Besuch darf bei der Erkundung des Naturparkes Fränkische Schweiz-Frankenjura auf keinen Fall fehlen. Wir wollen herausfinden, was an den vielen geheimnisvollen Geschichten dran ist, die über diesen Ort erzählt werden.

Auf dem Weg kommen wir auf der Hochfläche durch das Dorf **Moggast** mit dem **Hofladen der Familie Kormann** ❶. Hier decken wir uns mit Leckereien fürs Picknick ein: duftendes Holzofenbrot, Quittenmarmelade, Rosensirup, pikanter Kürbis im Glas, Apfelchutney und Johannisbeersenf für den Bauernschinken. Die Produkte stammen aus eigenem Anbau – wie die Obstsorten – oder direkt aus der Region.

Beim Hofladen Kormann in Moggast beginnt eine liebevoll gestaltete, 2 Kilometer lange Erlebnisrunde durch Kräutergarten und Streuobstwiese. 12 Stationen laden zum Lesen, Verweilen und Entspannen ein.

Wir parken kurz vor der Ortschaft **Wohlmannsgesees** auf dem Wanderparkplatz rechts der Straße. Gegenüber sehen wir schon das Waldstück, das den **Druidenhain** ❷ beherbergt.

Das rund 1 Hektar große Gelände ist als flächiges

Druidenzauber
Hochfläche bei Muggendorf

Naturdenkmal ausgewiesen. Eine felsige Bergkuppe ist hier entlang zweier Kluftsysteme in einzelne Felsbrocken zerbrochen. Bis zu 5 Meter hohe und 6 Meter lange Dolomitquader bilden ein moosiges, verwunschen wirkendes Labyrinth im Schatten von Fichten und Rotbuchen. Manche Bäume sind förmlich mit den Steinen verwachsen. Die Ausrichtung

Entschleunigungstour 16

Druidenhain

Wohlmannsgesees und seine Umgebung wurden aufgrund des Höhlenreichtums schon in der Steinzeit von Menschen besiedelt, wie Funde beweisen. Nahe der Ortschaft ist auch ein großes Gräberfeld aus der Hallstattzeit ausgewiesen.

der Zwischenräume und auch der Rillen und Furchen auf den Steinen ist grob nordwestlich-südöstlich. Das entspricht auch der Ausrichtung der Fluss- und Höhlensysteme im Naturpark. Auf den Oberflächen entdecken wir schalenförmige Karrenbildungen, muldenförmige Vertiefungen. Obwohl geologisch erklärbar, erweckt die Anlage den Eindruck, Menschen hätten hier Hand angelegt oder wenigstens mit Hammer und Meißel nachgeholfen. Das ist nachweisbar nicht der Fall.

Wir erkunden diesen faszinierenden Ort ausgiebig, klettern auf die Steine, schlüpfen durch Durchgänge, springen über Klüfte, setzen uns irgendwohin und lassen die Atmosphäre auf uns wirken. Ob hier wirklich Druiden oder Kelten ihre Rituale vollzogen haben, konnte noch nicht wissenschaftlich belegt werden. Die Kelten nutzten zwar gerne vorhandene Geländedeformationen für ihre Riten wie den Rabenfels im Nesselgrund oder die Esperhöhle, hatten aber eine Vorliebe für entweder exponierte Höhenlagen

Hochfläche bei Muggendorf

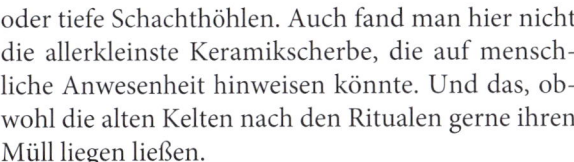

oder tiefe Schachthöhlen. Auch fand man hier nicht die allerkleinste Keramikscherbe, die auf menschliche Anwesenheit hinweisen könnte. Und das, obwohl die alten Kelten nach den Ritualen gerne ihren Müll liegen ließen.

Druidenhain hieß das Waldstück schon lange im Volksmund, bevor sich der Name Anfang des letzten Jahrhunderts auch offiziell durchsetzte. Anhänger der Kultplatztheorie haben den einzelnen Steinen klangvolle Namen gegeben wie „Opferstein", „Tor zur Unterwelt" oder „Grab mit Heilsrune".

Wir verlassen den Druidenhain mit der Markierung „Gelber Ring" Richtung Süden. Der Pfad führt durch schattigen Buchenwald bergauf bis zu einem Aussichtspunkt. Unterhalb, erreichbar über einen abschüssigen Trampelpfad, befindet sich die **Engenreuther Höhle** ❸. Vorsicht beim Erkunden, bitte Taschenlampe nicht vergessen. Denn der nach rechts abzweigende Gang führt nach einigen

❀ Für die Seele

Egal, ob ein geologisches Phänomen oder wirklich von den Kelten rituell genutzt – der Druidenhain hat eine spannende Atmosphäre.

Metern zu einem Schacht, der 6 Meter in die Tiefe reicht.

Der Gelbring quert eine Teerstraße, schlägt einen Haken im gegenüberliegenden Wald, kommt wieder über die Straße zurück und verläuft ein Stückchen entlang des Golfplatzes, bevor er durch Wald und Wiesen Kurs auf Birkenreuth nimmt.

Entschleunigungstour 16

Trainmeuseler Brunnen

In der Mitte der Ortschaft fällt sofort ein kleiner, fast kreisrunder Fachwerkbau mit Glockenturm auf. Es ist das historische **Brunnenhaus** ❹, eine Besonderheit und Luxus auf der wasserarmen Hochfläche. 40 Meter tief arbeitete man sich 1796 durchs Gestein, bis Wasser sprudelte. Das schützende Haus wurde einige Jahrzehnte später errichtet. Zur Osterzeit beherbergt es eine Osterkrippe.

In **Birkenreuth** wechseln wir auf die Markierung „Grünes Kreuz" Richtung Süden. Nach einem Waldstück biegt die Markierung nach rechts ab, wir nehmen den unmarkierten Feldweg schräg gegenüber, der an Streuobstbeständen vorbei zu einem weiteren Feldweg führt mit der Markierung „Blauer Senkrechtbalken". Dieser folgen wir einige Meter und haben den **Trainmeuseler Brunnen** ❺ erreicht.

Hochfläche bei Muggendorf

Die Quelle fließt gemäßigt in Stein gefasst und hinter Gittern, dann in ein Abflussbecken. Der weitere Verlauf ist nicht sichtbar, wird sich aber irgendwo im Tal mit der Wiesent zusammentun. Der Trainmeuseler Brunnen ist eine ungewöhnliche geologische Erscheinung im Weißjura: die einzige Quelle auf der Hochfläche im Markt Wiesenttal! Möglich machen das ausgedehnte, wasserstauende Mergelschichten zwischen den Kalken. Die Trainmeuseler holten sich noch bis 1923 persönlich das frische Nass. In trockenen Sommern wurde die Quelle gesperrt und das Wasser rationiert.

Im Schatten der Linde neben der Quelle laden Tisch und Bänke den Wanderer zum Rasten ein. Wir machen es uns gemütlich und breiten die Leckereien aus dem Hofladen Kormann vor uns aus. Ein paar Tropfen Rosensirup in die Wasserflasche und schon haben wir Rosenlimo zum Holzofenbrot. Wir genießen das Murmeln der Quelle und Vogelgezwitscher,

Junge Lindenblätter sind von April bis Ende Mai ein erfrischender Snack. Die Blüten und Samen sind nicht nur essbar, durch ihre Schleimstoffe wirken sie vorbeugend bei aufkeimendem Husten. Sie können wie ein Hustenbonbon gekaut bzw. gelutscht werden.

Birkenreuth

Entschleunigungstour 16

den Wind in der Lindenkrone. Eine Mistel hat sich diesen schönen Platz zum Wachsen ausgesucht.

Nach der ausgedehnten Brotzeit gehen wir mit dem Blauen Balken wieder ein kleines Stück zurück und nach Trainmeusel. Dessen Wurzeln sind slawisch und reichen bis ins 9. Jahrhundert. Eppelein von Gailingen soll hier seine Räuberburg errichtet haben – tatsächlich gibt es noch ein Mauerrestchen eines Burgstalls zu sehen, der allerdings erst gute 100 Jahre nach Eppelein entstanden ist.

Der Blaue Balken leitet uns auf der Straße Richtung Osten aus Trainmeusel heraus, biegt dann rechts auf einen Feldweg ab, kurvt um den **Rackenberg** und steuert wieder dem Druidenhain und dem Wanderparkplatz zu.

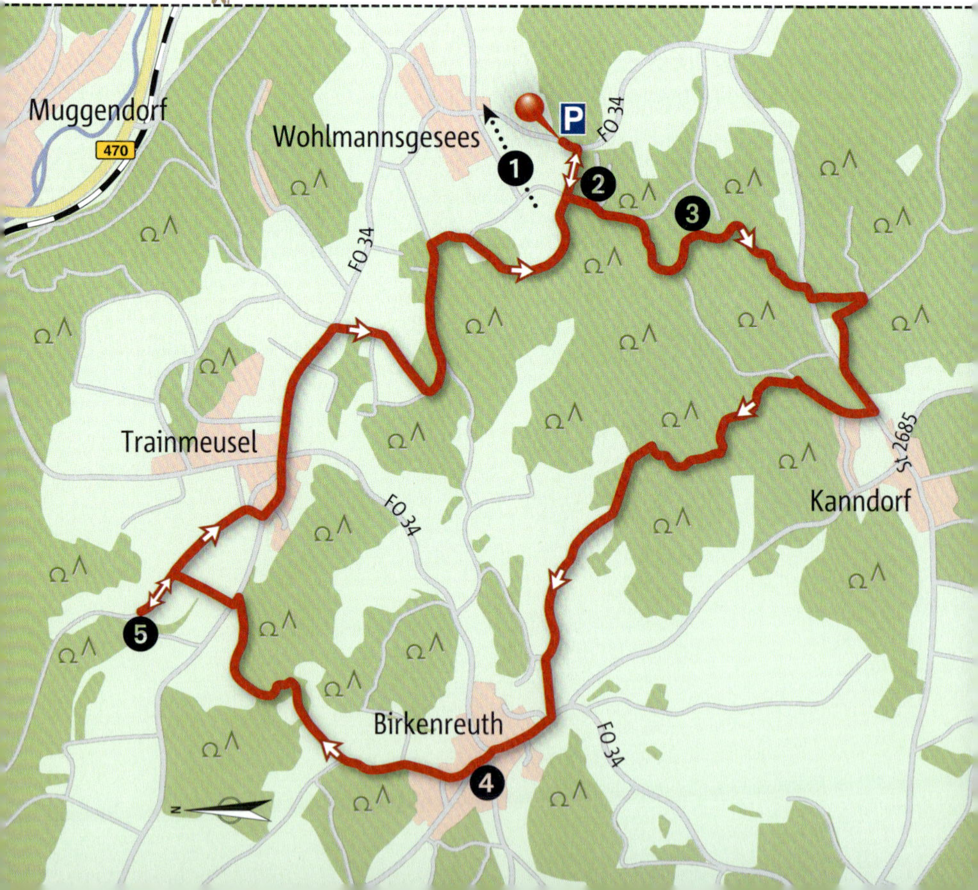

Alles auf einen Blick

WIE & WANN:
Bequeme, weiche und gut ausgeschilderte Wanderwege. Die Tour hat zu jeder Jahreszeit ihren Reiz, im Winter kommen die Felsbildungen besonders schön zur Geltung.

HIN & WEG:
Auto: Wanderparkplatz an der Verbindungsstraße Windischgaillenreuth–Wohlmannsgesees, rechte Straßenseite kurz vor dem Ortseingang, 91346 Wohlmannsgesees
(GPS 49.787210, 11.262246)
ÖPNV: Keine empfehlenswerten Verbindungen

ESSEN & ENTSPANNEN:
Rucksackverpflegung einpacken.
Hofladen und Brennerei Kormann ❶ Zum Steig 2, 91320 Ebermannstadt-Moggast, Tel. (0 91 94) 92 15

ENTDECKEN & ERLEBEN:
Druidenhain ❷
Engenreuther Höhle ❸ 91346 Wiesenttal
Brunnenhaus Birkenreuth ❹
Trainmeuseler Brunnen ❺

Entspannung ✸✸✸✸✸
Genuss ✸✸✸✸✸
Romantik ✸✸✸✸✸

Erfrischungstour 17

Ausgangspunkt unserer Tour ist die Ortschaft Thuisbrunn bei Gräfenberg. Erstmals urkundlich erwähnt wurde es 1007. Das idyllisch gelegene Örtchen eignet sich als Ausgangspunkt für verschiedenste Wandertouren. Wir wollen heute das Trubachtal rund um die Burg Egloffstein erkunden. Geparkt wird auf dem Wanderparkplatz neben der Katharinenkirche. Als Erstes folgen wir der Ausschilderung „Schmiedleite/Burgweg" zum Aussichtspunkt der Burg Thuisbrunn ❶. Diese befindet sich seit 1961 in Privatbesitz und kann nicht besichtigt werden. Erstmals urkundlich erwähnt wurde sie 1348. Wir erhalten einen schönen Blick auf die Thuisbrunn umgebenden Leiten ❷. Das ist die fränkische Bezeichnung für steile, landwirtschaftlich unbrauchbare Berghänge. Man konnte das Gelände nur als Hutung für Schafe, Ziegen oder kleine Rinderrassen nutzen. Je nach Beweidungsvorlieben der Tiere sind verschiedene reizvolle, teilweise parkähnliche Landschaften entstanden. Auf mageren, artenreichen Wiesen stehen teils imposante Einzelbäume mit ausladenden Kronen, meistens Eichen und Rotbuchen wegen der Früchte. Oder die sperrigen Wacholderbüsche prägen die Landschaft, wegen ihrer Stacheln sogar von Ziegen verschmäht.

Zurück an der Abzweigung Kirche/Burgweg nehmen wir die Markierung „Frankenweg" (F auf rotem Querstrich), die uns bis Egloffstein bringen wird. Es geht entlang des Wasserwiesenbaches bergab. Links entfaltet sich ein sanftes Tal, rechts im Wald verste-

Thuisbrunner Leiten: die Namen der Leiten bezogen sich entweder auf die Lage, die Art der Nutzung oder den Nutzer, z. B. Burgleite, Gänseleite, Schmiedleite.

Stock und Stein
Wunderschönes Trubachtal

Wunderschönes Trubachtal

cken sich verschiedene Geotope wie der Heidenstein oder Wächterfelsen. Aus den Baumkronen gegenüber blitzen immer wieder weiße Felsen hervor – eine Vorschau auf unseren Rückweg. Fast schon im Tal macht ein Plätschern und Rauschen auf eine Besonderheit aufmerksam: Der Bach verwandelt sich in einen mehrstufigen Kalktuffwasserfall. Diese karsthydrologische Besonderheit begegnet uns im Naturpark an mehreren Stellen, etwa die Sinterterrassen der Lillach oder der Wasserfall bei Burggrub.

Weiter unten klärt ein Schild auf, wie dieser schöne Platz zum Namen **Todsfeldtal** ❸ kommt (Todsfeld = Thossfälle = tosendes Wasser). Hier fließt der Hohenschwärzer Bach in den Wasserwiesenbach, bevor beide weiter unten in die Trubach münden. Eine Sitzgruppe lädt zum Verweilen ein, aber wir sind gerade erst losgelaufen, weiter geht es.

Kurz darauf taucht zum ersten Mal, weiß glänzend, die **Burg Egloffstein** ❹ auf. Sie ist eine hochmittelalterliche Adelsburg, die erstmals 1358 er-

✿ Für die Seele

Wir sitzen in der Einsamkeit des Balkensteins mit Blick auf Burg Egloffstein und das Tal mit seinen Mühlen und lassen den Gedanken freien Lauf.

Erfrischungstour 17

wähnt wird. Die Burg thront auf 443 Metern über dem Trubachtal und bildet so einen der romantischsten Anblicke des Naturparkes Fränkische Schweiz. Zu besichtigen ist sie für Gruppen mit Anmeldung. Wir bewundern sie heute nur von außen, sie wird uns aus verschiedensten Perspektiven grüßen.

Burg Egloffstein

In Egloffstein überqueren wir den Trubach und die Hauptstraße, wechseln auf die Markierung „Gelbring" nach links, laufen durch den Ort parallel zur Hauptstraße und folgen den Wegweisern zwischen den letzten Häusern hindurch in den Wald. Sofort geht es in Serpentinen kräftig bergauf durch den Buchenwald. Als die Luft schon knapp wird, steht linker Hand eine Ruhebank, auf die wir uns fallen lassen. Wieder bei Atem folgen wir dem schmalen Waldpfad oberhalb des Trubachtales. Es ist ein traumhaft schöner, weicher Waldweg entlang der Hangkante. Die Bänke an den Aussichtspunkten Pfarrfelsen und Balkenstein ❺ laden zum Verweilen und Träumen ein – wie versprochen immer mit Blick auf Burg Egloffstein.

Nach dem Balkenstein folgen wir einem schmalen Pfad bergab. Zwischen die Buchen mischen sich immer wieder dunkle Eibengestalten. Bei Regenwetter ist hier etwas Vorsicht geboten – aber vielleicht kreuzt ein Feuersalamander den Weg. Unten angekommen halten wir uns rechts (Rundweg 2 Egloffstein) und laufen den Affterbach hoch bis zur gefassten Quelle,

Aussicht Balkenstein

queren eine Wiese und stoßen auf der anderen Seite auf einen neuen Wandertipp: Steilstufen winden sich hoch zum Spiegelfelsen ❻, Kennzeichnung „Schwarzring, Gerhard Stude Gedächtnissteig". Wir nehmen das Bauch-Beine-Po-Training gerne an, die grandiosen Felswände entschädigen für die Qualen. Oben angekommen haben wir wieder einen guten Blick auf Burg Egloffstein – aber uns interessiert der Picknicktisch mehr. Hier erholen wir uns von den Höhenmetern bei einem erfrischenden Snack.

Ein paar Meter weiter führt ein mit „Grünring" markierter Forstweg vorbei, dem wir nach links folgen. Aufgepasst: Ein Stück weiter zweigt in einer Rechtskurve ein mit „Grüner Senkrechtstrich" gekennzeichneter Wanderweg in den Adlergraben ab, etwas schwer zu erkennen.

Unten empfangen uns die Streuobstwiesen des Trubachtals. Wir durchlaufen das Örtchen Mostviel mit seiner – heute nicht mehr betriebenen – Mühle ❼. Die hatte ihre Blütezeit im 20. Jahrhundert. In den 1930er-Jahren war hier neben einer Brotfabrik ein Landschulheim untergebracht. Der Unterricht fand im Freien statt, um der Natur näher zu sein. Ein schöner Ansatz.

Erfrischungstour 17

Wunderschönes Trubachtal

Auf dem Talweg schlendern wir entlang des Trubachs auf Egloffstein zu, immer die Burg im Blick. Blühende Frühlingswiesen säumen den Weg und die Trubach, blühende Obstbäume, wohin das Auge schaut – im Frühling ist das Trubachtal fast kitschigschön.

In Egloffstein lenken wir unsere Schritte zum Café Mühle ❽. Hier ist auch ein kleines Mühlenmuseum untergebracht, eine Besichtigung ist auf Anfrage möglich. Wir erstehen Gebäck und Kaffee to go (und ja, wir haben selbstverständlich unsere eigenen Becher dabei!), denn unsere Koffein-Zucker-Zufuhr wollen wir im Kurgarten von Egloffstein ❾ befriedigen.

Der liegt neben dem Gasthof Post auf der anderen Straßenseite. Eine Bürgerinitiative hat 2012 dieses kleine Paradies für Naturfreunde und Ruhesuchende erschaffen. Liegestühle und Sitzgruppen lagern zwischen Kräuterbeeten, Insektenhotels, Schmetterlingswiesen und – für uns als bekennende Fledermausfreunde besonders erfreulich – einem Naschgarten für Fledermäuse.

So aufgefrischt nehmen wir die letzten Höhenmeter in Angriff, verlassen den Ort in südlicher Richtung, suchen die Markierung „Rotring" und folgen ihr steil bergauf. Auf halber Hanghöhe liegt im Augustusfelsen ❿ ein hübscher kleiner Höhlendurchgang, der einen guten Grund liefert, etwas durchzuatmen. Wieder auf der Hochfläche angekommen, taucht die Berghütte Kugelspiel ⓫ auf (Privatbesitz, keine Brotzeithütte), im Außenbereich mit Bank und Überdachung ausgestattet. Von der kleinen Aussichtsterrasse bietet sich ein Blick auf waldige Täler, Hänge und Hochflächen. Fast ein wenig wie im Dschungel.

Die letzte Etappe laufen wir leichtfüßig. Auf bequemen Wald- und Wiesenwegen geht es über die Hochfläche, wir verpassen die Abzweigung auf die Markierung „Grünstrich" nicht. Die führt uns zu einer bemerkenswerten alten, zweistämmigen Hainbuche am rechten Wegrand. Dank fehlender Nachbar-

Der Trubach entspringt in Obertrubach und mündet nach 21 Kilometern bei Pretzfeld in die Wiesent. Es ist das mühlenreichste Tal der Fränkischen Schweiz. 14 von den urkundlich erwähnten 19 Mühlen sind noch vorhanden.

Der Spitzwegerich besitzt Gerb- und antibiotische Stoffe, was ihn zum idealen Naturpflaster macht. Bei Insektenstichen oder Kratzern ein Spitzwegerichblatt ankauen, bis der grüne Saft kommt. Diesen auf die Verletzung auftragen. Verschafft sofort Linderung.

Die braunen, bohnenförmigen, noch nicht aufgeblühten Knospen des Spitzwegerichs schmecken nach Champignons. Sie eignen sich frisch als Salatbeigabe oder sind eingelegt in Essig-Salz-Lake eine Antipasti-Überraschung.

Erfrischungstour 17

bäume durfte sie ihre Krone ungebremst entfalten. Wir sind uns einig, noch nie so ein beeindruckendes Exemplar dieser Baumart gesehen zu haben.

Das letzte Stückchen führt wieder über eine der Thuisbrunner Leiten, vorbei an imposanten, landschaftsprägenden Eichen. Wir halten auf den Gasthof Seitz zu, auch als Elch-Bräu ⑫ weithin bekannt.

Neben fränkischen Spezialitäten wie gebackenen Karpfen (nur in Monaten mit R) lockt hier vor allem das Elch-Bräu aus der eigenen Brauerei – für die Fahrerin von uns alkoholfrei. Wir lassen uns die gute Küche schmecken und gönnen uns zur Verdauung einen „Torf vom Dorf" – Whiskey aus der ebenfalls hauseigenen Brennerei. Müde, satt und glücklich kehren wir zum Parkplatz zurück.

Alles auf einen Blick

WIE & WANN:
Überwiegend Wald- und Wiesenpfade mit drei kräftigen, nicht zu unterschätzenden Anstiegen. Besonders schön im Herbst und im zeitigen Frühjahr.

HIN & WEG:
Auto: Parkplatz neben der Katharinenkirche, Thuisbrunn 2, 91322 Gräfenberg (GPS 49.688512, 11.249945)
ÖPNV: Regionalbahn bis Bf. Gräfenberg, dann Bus 226 Richtung Gößweinstein bis Thuisbrunn Ort

ESSEN & ENTSPANNEN:
Café Mühle/Backhaus Wirth ❽ Talstraße 10, 91349 Egloffstein, Tel. (0 91 97) 2 92
Gasthof Seitz – Thuisbrunner Elch-Bräu ⓬ Thuisbrunn 11, 91322 Gräfenberg, Tel. (0 91 97) 2 21

ENTDECKEN & ERLEBEN:
Aussichtspunkt Burg Thuisbrunn ❶
Thuisbrunner Leiten ❷
Todsfeldtal ❸
Burg Egloffstein ❹ Rittergasse 80b, 91349 Egloffstein
Pfarrfelsen und Balkenstein ❺
Spiegelfelsen ❻
Mostvieler Mühle ❼ 91349 Egloffstein
Kurgarten Egloffstein ❾ Talstraße 2a, 91349 Egloffstein
Augustusfelsen ❿
Berghütte Kugelspiel ⓫

Entspannung ✹✹✹✹✹
Genuss ✹✹✹✹✹
Romantik ✹✹✹✹✹

Erfrischungstour 18

Das Paradies auf Erden ist genau lokalisierbar: Es befindet sich im nördlichen Teil des Naturparkes Fränkische Schweiz-Frankenjura und heißt Paradiestal.

Wir starten am Wanderparkplatz zwischen **Treunitz** und Steinfeld, kurz vor der Linkskurve. Unsere Markierung ist der „Blauring". Ein kurzes Stück Bundesstraße gilt es zu überwinden, dann biegen wir schon rechter Hand ins Paradies ein.

Das **Paradiestal** ❶ trägt seinen Namen zu Recht: Es ist unbewohnt, völlig unverbaut, keine Straße weit und breit, kein Verkehrslärm. Es handelt sich um ein

Das 180-Seelen-Dorf Treunitz trägt den Beinamen „Pfifferdorf" und die Bewohner werden liebevoll „Treunitzer Piffer" genannt. Pfiffer steht ganz allgemein für leckere Speisepilze, von denen es hier ab Spätsommer reichlich gibt.

Paradiestal

Im Paradies
Zur Quelle der Wiesent

Erfrischungstour 18

Paradiestal

Das Gänseblümchen zählt ebenfalls zu den Wandererfreunden. Es blüht nahezu ganzjährig und fast überall. Bei einem Insektenstich einfach das gelbweiße Blütenköpfchen darauf drücken, die Gerbstoffe und ätherischen Öle verschaffen sofort Linderung.

gut 4 Kilometer langes Trockental und Nebental der noch sehr jungen Wiesent, an einigen Stellen mehrere 100 Meter breit und waldfrei. An den Hängen finden sich Laubmisch- und Nadelwälder, Wacholderheiden und Magerwiesen. Es ist ein ganzjähriges Naturparadies für Freunde der Flora und (Klein-) Fauna. Im Frühling breiten sich Frühblüher-Meere aus Buschwindröschen und Veilchen aus, im Sommer wimmeln die Wiesen von Schmetterlingen und im Herbst sind die Waldhänge voller Pilze. Manchmal soll man hier sogar den Gesang des Pirols vernommen haben. Markante Kletterfelsen verleihen dem Paradies ein besonderes Flair. Hier können wir unsere Seele im Wortsinne baumeln lassen, schlendern den bequemen Weg entlang und atmen die Eindrücke ein.

Gleich zu Anfang erkennen wir am rechten Hang das Geotop „Nasenlöcherfelsen", eine Wegkehre weiter die „Silberwand". Schräg gegenüber auf der linken Seite dann das **Blaue Meer** ❷, eine periodisch aktive Karstquelle, die einen kurzen Nebenarm der

Zur Quelle der Wiesent

Wiesent speist. Ihren Namen hat sie von ihrer unglaublichen Türkisfarbe, die allerdings nur während ihrer Aktivität zu bewundern ist, also nach lang anhaltenden Regenfällen und zur Schneeschmelze. Nach knapp 2 Kilometern erspähen wir links die **Kleinhöhle Zigeunerstube** ❸, einen wahrscheinlich vorgeschichtlichen Siedlungsplatz.

Trockentäler sind Täler, durch die seit der letzten Eiszeit kein Wasser mehr fließt. Der Karstwasserspiegel ist gesunken, die Quellen haben sich talabwärts verlagert

Danach erhebt sich rechts vom Tal das größte Felsmassiv, der Wüstenstein. An seinem Fuß untergebracht ist das einzige Zeichen menschlicher Besiedlung, ein alter **Felsenkeller** ❹, den die Brauerei Schrenker aus Stadelhofen bis 1920 als Bier- und Eiskeller nutzte.

Wer den imposanten **Wüstenstein** ❺ auf einer der 20 Kletterrouten bezwingt, wird mit einem grandiosen Fernblick zu den umliegenden Ortschaften belohnt.

Wir verlassen unseren Wanderweg und steigen mit einem schmalen Waldpfad auf den Wüstenstein und machen eine Stippvisite zum hinter ihm liegenden **Parasol- oder Pilzfelsen** ❻. Das Kalkgestein des Fußes verwittert schneller als der Kopf aus Dolomit, so

 Für die Seele

Im Paradiestal suchen wir uns ein schattiges Plätzchen am Waldrand und lassen den Blick über die harmonische Landschaft mit den Felsriffen schweifen.

Erfrischungstour 18

entstehen an überdimensionale Pilze, Köpfe oder Tische erinnernde Formen. Davon sind einige verstreut im Naturpark wie der Teufelstisch bei Gräfenberg, die Zwei-Brüder-Felsen in der Steinernen Stadt oder die Parasolfelsen im Wellucker Wald.

Ein Bogen führt uns zurück ins Tal, wir passieren den Predigtstuhl ❼, einen Felsen, der an eine Kanzel erinnert, grüßen ehrerbietig den südlichen Paradiestalwächter, eine schlanke Felsnadel links des Weges, und erreichen abschließend den Langen Stein ❽, eine imposante weiße Dolomitwand, an der sich Kiefern und Wacholder festkrallen.

An dieser Stelle beendet der Lärm der gegenüberliegenden A70 das Paradiestal unbarmherzig, wir wachen wieder auf und konzentrieren uns auf den Weg nach Steinfeld, der ohne Markierung verläuft. Deshalb aufgepasst und die Karte zur Hand nehmen.

Zur Quelle der Wiesent

Gegenüber vom Langen Stein zweigt linker Hand ein Feldweg ab, dem wir immer in südlicher Richtung und mehr oder weniger am Waldrand entlang folgen. An der dritten Abzweigung biegen wir links ab, erst am Waldrand entlang, dann durch Felder. An einer T-Kreuzung biegen wir rechts (westwärts) ab, sehen schon Steinfeld, scheinbar einen Sprung weit entfernt, halten uns immer geradeaus bis zu einem Marterl, wo wir wieder rechts (südlich) abbiegen und die Ortsmitte von Steinfeld erreichen.

Hier steuern wir das Gasthaus Hübner Bräu 9 an, neben der Kirche gelegen, eine urige Traditionsgaststätte mit eigener Brauerei und Schnapsbrennerei, die hier seit 1750 Einheimische und Reisende verköstigt. Wir haben Glück, es ist Mittwoch, und da gibt es knusprige Hähnchen zum süffigen Vollbier. Neben den ganzjährig erhältlichen Sorten darf man sich hier auch saisonal auf „Osterfestbier", „Herbstbock" und „Weihnachtsfestbier" freuen.

Paradiestal

Erfrischungstour 18

Wiesentquelle

Nach dieser Stärkung machen wir einen Abstecher zur Wiesentquelle, die in diesem Örtchen zwischen Wohnhäusern entspringt. Dafür überqueren wir die Straße und folgen der Ausschilderung nach links.

Die **Wiesentquelle** ⑩ entspringt auf 450 Meter ü. NN im Tiefen Karst und hat konstante 8–9 Grad. Wir können die Quellschüttung durch konzentrische Kreise im Sand und Luftblasen fasziniert verfolgen. Die Quelle wird sich zum bedeutendsten Fluss der Fränkischen Schweiz entwickeln und nach 78 Kilometern bei Forchheim in die Regnitz münden. Rund um die Osterzeit ist auch diese Quelle festlich als Osterbrunnen mit handbemalten

Zur Quelle der Wiesent

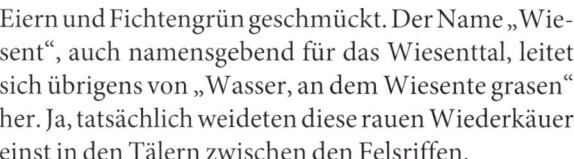

Eiern und Fichtengrün geschmückt. Der Name „Wiesent", auch namensgebend für das Wiesenttal, leitet sich übrigens von „Wasser, an dem Wiesente grasen" her. Ja, tatsächlich weideten diese rauen Wiederkäuer einst in den Tälern zwischen den Felsriffen.

Im Felsen neben der Quelle lassen sich noch „Urwohnungen" erkennen. Lange bevor unsere Ahnen Dörfer anlegten, wussten sie schon den Vorteil von täglich frischem Wasser sowie einem festen Dach über dem Kopf zu schätzen. Die Kombination Quelle-Höhle so eng beieinander war unwiderstehlicher Luxus. Man fand hier sowie in weiteren Kleinhöhlen Richtung Treunitz und auch im Paradiestal (siehe Zigeunerstube) Tierknochen, Tonscherben und Werkzeuge aus Knochen, die auf eine sehr frühe Besiedelung der Gegend schließen lassen. Bevor es weitergeht, machen wir unsere Füße frei und kneippen eine Runde im frischen Quellwasser.

Wallfahrtskapelle zum Heiligen Kreuz

Erfrischungstour 18

Vom Gänseblümchen ist alles essbar, auch Blätter und Wurzeln. Unübertroffen ist der mild-süße Geschmack der Korbblüten auf einem Butterbrot oder über den Salat gestreut. Es heißt, wer die ersten drei Gänseblümchen im Jahr isst, wird nicht krank!

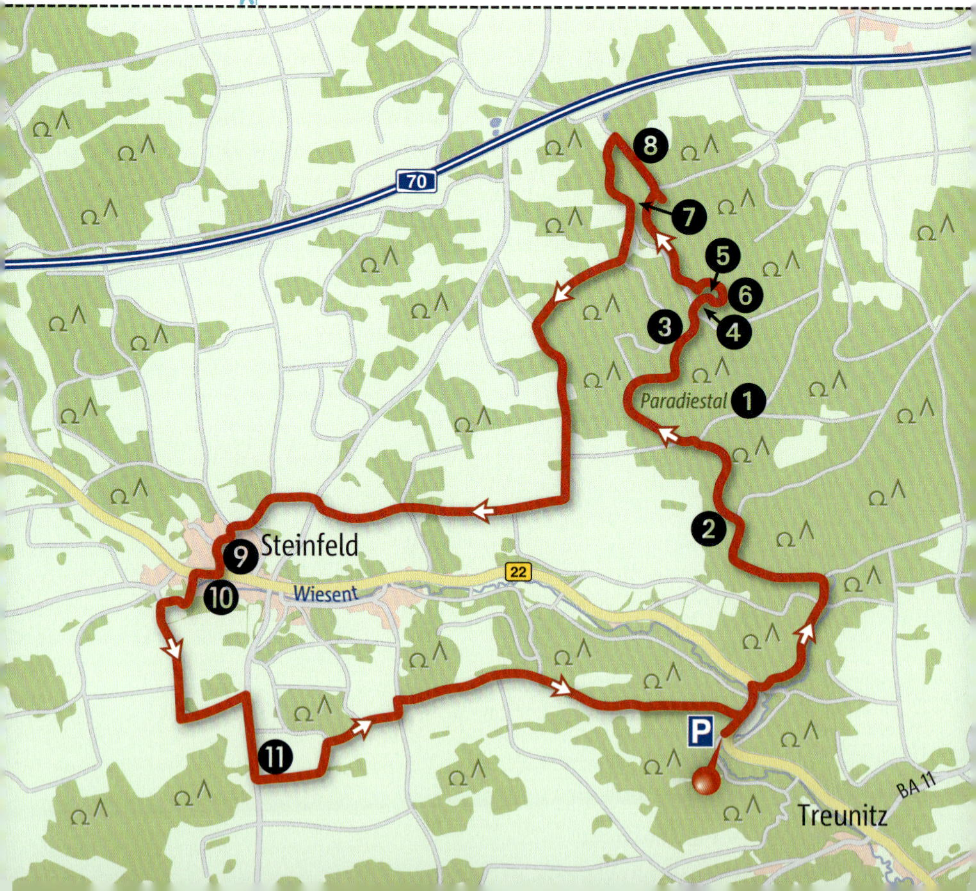

Dann zurück zur Hauptstraße, nach links und Ausschau halten nach der Markierung „Rotring" für die nächste Wegetappe. Der Rote Ring führt uns aus Steinfeld heraus und durch eine ruhige, sonnige Wiesen-Acker-Landschaft bis zur beschaulichen **Wallfahrtskapelle zum Heiligen Kreuz** ⓫. Seit 1665 thront sie hier als Landmarke auf einem sanften Hügel. Sie soll als Reliquie ein Stückchen Holz aus dem Kreuz Jesu enthalten. Auf der anderen Straßenseite steht eine kleine Feldkapelle, von einem Privatmann errichtet.

Wir folgen dem Rotring ostwärts, bis dieser wieder nach Steinfeld abbiegt, wir wechseln aber auf den „Grünstrich", der uns ohne weitere Umwege zum Wanderparkplatz zurückbringt.

Alles auf einen Blick

WIE & WANN:
Gut ausgebaute, breite Wanderwege. Besonders schön ist es zur Zeit der Frühblüher im Frühling, im Sommer erfreuen Schmetterlinge und blühende Wiesen, im Herbst gibt es Pilze.

HIN & WEG:
Auto: Wanderparkplatz an der B22 zwischen Treunitz und Steinfeld, 96167 Königsfeld (GPS 49.971595, 11.189599)
ÖPNV: Bus 969 aus Bamberg bis Treunitz Ortsmitte (macht rund 4 km mehr Wanderstrecke)

ESSEN & ENTSPANNEN:
Gasthaus Hübner Bräu ❾ Steinfeld 69, 96187 Stadelhofen, Tel. (0 92 07) 2 59

ENTDECKEN & ERLEBEN:
Paradiestal ❶
Das Blaue Meer ❷
Zigeunerstube ❸
Felsenkeller ❹
Wüstenstein ❺
Parasolfelsen ❻
Predigtstuhl ❼
Langer Stein ❽
Wiesentquelle ❿
Wallfahrtskapelle zum Heiligen Kreuz ⓫

Entspannung ✴✴✴✴✴
Genuss ✴✴✴✴✴
Romantik ✴✴✴✴✴

Landschaft und Felsenhänge im Kleinziegenfelder Tal

- ❋ 6,88 Kilometer
- ❋ 120 Höhenmeter
- ❋ 2 Stunden
- ❋ Rundweg

Erfrischungstour 19

Die Seele einer Landschaft machen auch ihre tierischen Bewohner aus. Heute wollen wir auf Tuchfühlung mit zwei von Bayerns Ureinwohnern gehen: mit dem Biber und dem Apollofalter. Beide soll es im Kleinziegenfelder Tal, im nördlichen Teil des Naturparkes, noch geben.

Los geht es vom Wanderparkplatz kurz vor **Weihersmühle.** Das Örtchen besteht aus der gleichnamigen ehemaligen Getreidemühle und dem inzwischen geschlossenen Gasthof Forelle. Am Giebel des malerischen Mühlengebäudes streckt uns eine auffällige Fratze die Zunge heraus. Das ist ein sogenannter „Biebel", ein Schutzgeist des Hauses, der die Straße im Auge behält.

Daneben beginnt der Wanderweg durchs **Kleinziegenfelder Tal ❶,** wir halten uns an die „4" (weiße Zahl auf Rot) Richtung Norden. Insgesamt misst das Tal 12 Kilometer von der Weismainquelle bis zur Ortschaft Weismain, vor uns liegt der reizvollste Abschnitt bis zur Quelle mit etwa 3 Kilometern. Artenreiche Mischwälder ziehen sich die Hänge hoch. Entlang des Pfades entfaltet sich eine bunte Flora, je nach Jahreszeit Leberblümchen, Schlüsselblumen, Salomonsiegel, Akelei, Orchideen und Farne. Einige Pflanzen sind sehr selten und deshalb geschützt.

Auf der anderen Flussseite liegt die Schrepfersmühle, die ehemalige Papiermühle versorgt heute mit einem Biergarten und Brotzeiten Wanderer und Ausflügler.

Biber und Apollo
Im Kleinziegenfelder Tal

Erfrischungstour 19

Das Gefälle des Kleinziegenfelder Tales und die Strömung des Weismains brachten einen großen Mühlenreichtum hervor. Vier davon sind auf unserer kurzen Strecke noch von außen zu bewundern: die Weihersmühle, Schrepfenmühle, Schwarzenmühle, Stoffelsmühle.

Links tauchen im Wald immer wieder beeindruckende Felswände auf, wie der Hainfelsen oder der Rolandfelsen. Rechts plätschert der **Weismain** ❷ zufrieden dem Main entgegen, den er nach 18 Kilometern bei Burgkunstadt erreichen wird. Um Namensverwirrungen auszuräumen: Der Main besteht aus dem Roten Main (Quelle bei Creußen) und dem Weißen Main (Quelle im Fichtelgebirge), die sich bei Kulmbach zum „großen" Main vereinen. Unser Nebenflüsschen Weismain gesellt sich erst später dazu.

Bald entdecken wir deutliche Spuren eines bayerischen Ureinwohners: den sanduhrförmig zugespitzten Stamm einer Erle, einen Damm aus Ästen und Zweigen, dahinter einen kleinen aufgestauten See. Ganz klar, diesen lauschigen Platz hat sich eine **Biberfamilie** erobert. Sehen lassen sich die eher nachtaktiven Riesennager nicht, dafür müssten wir in der Abenddämmerung zurückkehren. Der Biber ist eine durch die FFH-Richtlinie besonders geschützte Art. Er darf nicht gejagt und sein Lebensraum nicht beeinträchtigt oder zerstört werden. Inzwischen ist er in ganz Deutschland wieder häufig anzutreffen und erstaunlich kreativ in seinen Besiedelungsstrategien. Selbst Karpfenteiche werden genutzt und eigentlich zu flache Bäche kurzerhand auf mindestens 80 Zentimeter Wasserhöhe – dann kann er lässig schwimmen – aufgestaut. Bei Teichbesitzern ist er geradezu gefürchtet, dabei frisst der reine Vegetarier garantiert keine Fische, sondern schafft für diese durchs emsig ins Gewässer eingetragene Geäst neue Lebensräume.

Ein Stückchen weiter führen rechts Stufen zur **Roten Wand** ❸, dem eindrucksvollsten Kletterfelsen des Tals. Wir spa-

Biberspuren

Im Kleinziegenfelder Tal

Claudius

zieren weiter, vorbei an der malerisch gelegenen Schwarzmühle, einer ehemaligen Getreidemühle, dahinter ragt der Turm der im neugotischen Stil erbauten Maria-Hilf-Kapelle auf; wir haben **Kleinziegenfeld** erreicht.

Der Wald lichtet sich zu einem Hang mit kargem Bewuchs und Wacholderbüschen, Eidechsen huschen über den steinigen Pfad, der zwischen zwei Felsen verschwindet. Beim Anblick der lebensecht aussehenden **Radfahrerstatue Claudius** ❹ hoch auf dem Felskopf zucken wir kurz zusammen. Dieses kuriose „Wahrzeichen" wurde vor über 100 Jahren von zwei Kleinziegenfelder Brüdern geschaffen und ist heute ein beliebtes Fotomotiv.

Viel mehr interessiert uns das Naturschutzgebiet **Wacholderhänge bei Kleinziegenfeld** ❺, die sich dahinter erstrecken. Diese reizvolle Landschaftsform ist im Naturpark auch bei Pottenstein, Haselbrunn, auf der Ehrenbürg oder bei Wonsees zu bestaunen. Die kargen Juraböden eigneten sich in der Vergangenheit nicht für Ackerbau oder – bis auf Ausnahmen – für die Haltung von Rindern. Lediglich Ziegen und Schafe konnten der Vegetation etwas Nahrhaftes abgewinnen. Durch ihr Beweidungsverhalten formten sie die Landschaft weiter aus. Bäume und Sträucher mit saftigen Blättern verschwanden. Im Sommer brannte die Sonne unbarmherzig auf den Boden und produzierte

Wacholder ist genügsam, wächst sehr langsam und steht unter Naturschutz. Seine schwarzblauen Beerenzapfen beinhalten u. a. Bitterstoffe, Zitronensäure und Kampfer. Zerkaut helfen sie gegen Mundgeruch sowie bei Magen- und Kopfschmerzen.

 ## Für die Seele

Im Schatten eines Wacholders setzen wir uns ins Gras, atmen tief die saubere, würzige Luft ein.

An der Weihersmühle

Wacholderhangwürzmischung für Fleisch, Fisch und Rohkost: Wacholderbeeren, Fichtennadeln, Thymian, Dost (Wilder Oregano), Piment und Ingwer (alles getrocknet) in der Moulinette zu Pulver mahlen. Verleiht den Gerichten eine edle Geschmacksnote.

Temperaturen von bis zu 60 Grad, im Winter erzeugten Frost und Wind das gegenteilige Extrem. Nur sehr widerstandsfähige Pflanzen konnten hier überleben, die heute für die außergewöhnliche Pracht und Artenvielfalt sorgen. Ab März/April leuchten die knallvioletten Blüten der Küchenschelle, mit der man früher Eier färbte. Es folgt das Weiß der Waldsteppenanemonen, die großen Schwestern der Buschwindröschen, ab Juni haben Orchideen wie das Brandknabenkraut, Helmknabenkraut und die Bienenragwurz ihren Auftritt. Besonders geschulte Augen entdecken im Gras vielleicht die Mondraute, einen seltenen und winzigen Farn. Im Herbst beschließen Silberdisteln, Gefranster, Kreuz- und Deutscher Enzian den Blumenreigen.

Natürlich sind hier auch entsprechend außergewöhnliche Insekten unterwegs, wie die Rotflügelige Ödlandschrecke, der Wolfsmilch-Schwärmer oder der Apollofalter. Dieser außergewöhnliche Schmetterling besticht durch seine weiß-schwarzen Flügel mit roten „Augen" auf den Hinterflügeln. Seine Raupen ernähren sich von den verschiedenen Fetthennen-Arten, die wiederum nur auf mageren sonnigen Standorten wachsen. Der ausgewachsene Falter nascht außerdem an Disteln, Dost und Flockenblumen. Schmetterlingssammler und die Nitrateinträge

Im Kleinziegenfelder Tal

der Landwirtschaft haben den Apollo zu einer bedrohten und streng geschützten Tierart gemacht. Übrigens führt auch ein Apollo-Wanderweg durchs Tal, der aber ab Kleinziegenfeld einen anderen Verlauf nimmt als den von uns geplanten. Über all der Pracht erheben sich die zerzausten Wacholderbüsche, struppig, stachelig und wehrhaft.

Ein Trampelpfad führt bergab nach Kleinziegenfeld. Inmitten der Ortschaft entspringt die **Weismainquelle ❻**, leider sehr praktisch in Beton gefasst. Die Quellschüttung ist so stark, dass schon wenige Meter weiter das Rad der Stoffelsmühle betrieben wurde.

Schnell umkehren und den Trampelpfad wieder hochlaufen. Hier passen wir auf, dass wir nicht den verführerischen Weg Richtung Süden über die Wacholderwiesen nehmen, sondern weiter der „4" bergauf nachgehen, zum oberen Ortsteil und hinaus auf die Hochebene. Hier biegen wir, einem hölzernen Wegweiser folgend, links ab (Gelbkreuz), bleiben aber nicht auf dem geschotterten Forstweg, sondern biegen am Waldrand nochmals links auf einen Waldpfad ab. Der führt schattig und weich Richtung Süden. Wir kommen am – Achtung! Ungesichert! – **Aussichtspunkt**

„Bayerns UrEinwohner" ist eine Initiative der bayerischen Landschaftspflegeverbände, die sich für den Artenschutz einsetzt und Projekte initiiert. Geschützt werden sollen Arten, die stark bedroht oder regionaltypisch sind, wie der Apollofalter.

Schrepfersmühle

Erfrischungstour 19

oberhalb der Roten Wand ❼ vorbei, den nur Schwindelfreie richtig genießen können. Unter uns entfaltet sich das Kleinziegenfelder Tal in seiner ganzen Pracht.

Ein Stückchen weiter stellt uns der Wanderweg vor die Wahl: steil und schnell bergab, dann rechts, oder sanfter und langer Abstieg, dann links entlang. Wir nehmen natürlich den schnellen, steilen Abstieg über die Bergflanke, das macht zum Abschluss viel mehr Spaß, und purzeln nach unten zur Weihersmühle und dem Weismain. In wenigen Minuten sind wir zurück am Wanderparkplatz und überlegen, ob uns eher nach erlesenen fränkischen Schmankerln im **Gasthof Zöllner** ❽ zumute ist oder wir einen Biergarten mit Selbstbedienung in der **Schrepfersmühle** ❾ bevorzugen.

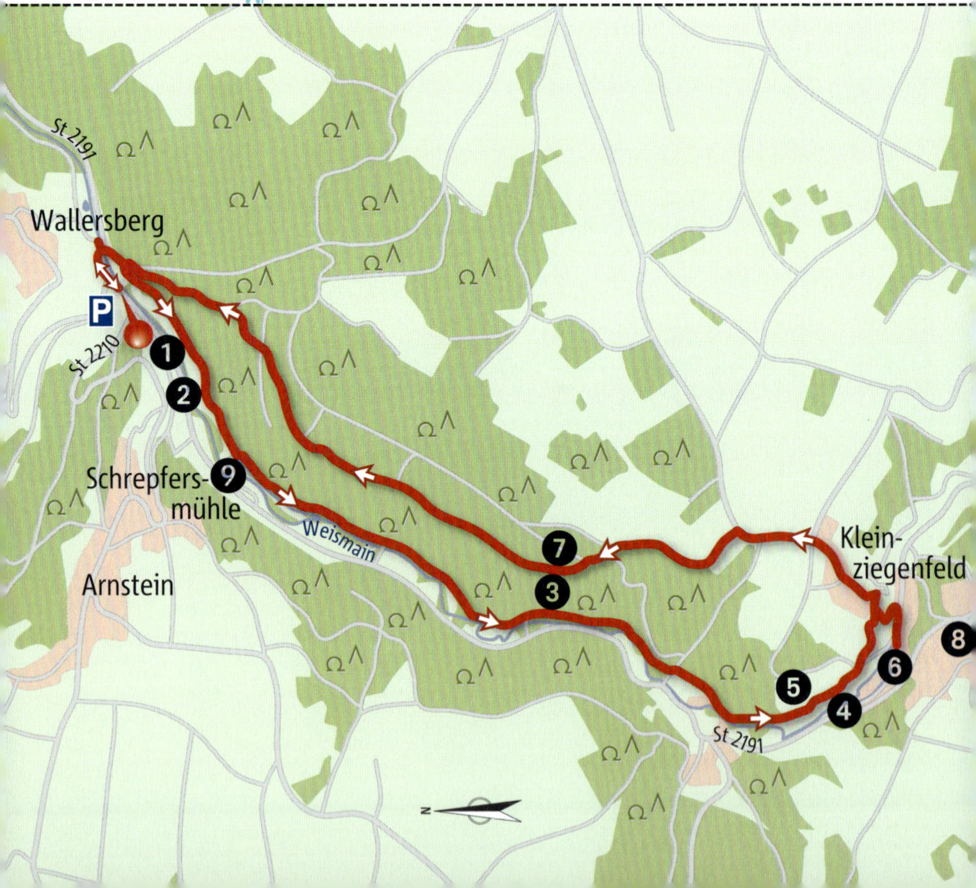

Alles auf einen Blick

WIE & WANN:
Naturbelassene Wald- und Wanderwege, nur im Bereich
Kleinziegenfeld etwas Straße. Besonders schön von März bis Oktober.

HIN & WEG:
Auto: Wanderparkplatz an der St2191 Weismain–Weihersmühle,
96260 Weismain (GPS 50.042025, 11.216115)
ÖPNV: Bus 968 aus Bamberg bis Weihersmühle

ESSEN & ENTSPANNEN:
Gasthof Zöllner ❽ Kleinziegenfeld 43, 96260 Weismain, Tel. (0 95 04) 2 66
Schrepfersmühle ❾ 96260 Weismain, Tel. (0 95 75) 92 12 12

ENTDECKEN & ERLEBEN:
Kleinziegenfelder Tal ❶
Weismain ❷
Rote Wand ❸
Radfahrerstatue Claudius ❹
NSG Wacholderhänge ❺
Weismainquelle ❻
Rote Wand – Aussichtspunkt ❼

Entspannung ✯✯✯✯✯
Genuss ✯✯✯✯✯
Romantik ✯✯✯✯✯

Leinleiterquelle

✽ 9 Kilometer
✽ 200 Höhenmeter
✽ 2,5 Stunden
✽ Rundweg

Erfrischungstour 20

Ein außergewöhnliches Phänomen der Juralandschaft wollen wir heute in Augenschein nehmen. Im westlichen Teil des Naturparkes Fränkische Schweiz-Frankenjura schlängelt sich das Leinleitertal auf rund 23 Kilometern der Wiesent entgegen. Besonders der trockengefallene Abschnitt oberhalb der aktuellen Quelle hat unsere Neugierde geweckt.

Vom Wanderparkplatz zwischen Oberleinleiter und Tiefenpölz wenden wir uns mit der Markierung „Grünring" ostwärts. Rechts breitet sich das Leinleitertal als idyllische Wiesenlandschaft aus, links eine magere Böschung mit duftendem Wiesensalbei.

Nach wenigen Minuten erreichen wir die **Heroldsmühle** ❶. Bis 1975 war die Mühle in Betrieb, danach verwöhnte sie als Gastwirtschaft die Wanderer, seit einigen Jahren ist sie geschlossen. Beeindruckend ist das eiserne Mühlrad mit 7,2 Metern Durchmesser, es zählt zu den größten Deutschlands. Betrieben wurde es einerseits unterschächtig durch den Bachlauf der Leinleiter, zusätzlich auch oberschächtig. Dazu wurde das Wasser auf eine Kalktuffsäule geleitet. Wir passieren die von der Leinleiter gespeisten Forellenteiche und erreichen die **Quelle** ❷.

Eigentlich ist es eine Ansammlung von Quellaustritten auf etwa 40 Metern, begrenzt durch eine kleine Mauer. Von dem glasklaren, kühlen Wasser treten hier durchschnittlich 20 Liter pro Sekunde aus. Die Schüttung reichte aus, um das Riesenrad der nahen Heroldsmühle mühelos zu drehen. Um diese frühe

Die 20 Kilometer lange Leinleiter betrieb noch bis zum Anfang des 20. Jahrhunderts zwölf Getreidemühlen. Bis spätestens 1945 sind alle Mühlen stillgelegt worden, die Heroldsmühle gab 1952 wegen mangelnder Rentabilität und Reparaturbedürftigkeit auf.

Tal der Tummler
Durchs Leinleitertal

Heroldsmühle

Jahreszeit sprenkeln die gelben Blütensterne der Sumpfdotterblume den Quellbereich, der als Naturdenkmal ausgewiesen ist.

Oberhalb bzw. nördlich der Quelle windet sich das Tal in gelassenen Serpentinen noch einige Kilometer weiter. Der Wanderweg ist von Geröll und Steinen bedeckt. Seltsam, denken wir, wie ein Flussbett.

Als **Trockental** ❸ werden Täler bezeichnet, die seit der letzten Eiszeit nicht mehr von Wasserläufen durchflossen werden. Der Wasserspiegel – im Jura der Karstwasserspiegel – ist zu weit abgesunken, um die ehemaligen Quellen zu speisen. In Zeiten hoher Niederschlagseinträge und/oder gegen Winterende zur Schneeschmelze kann dieser Wasserspiegel so weit steigen, dass die trockenen Quellen wieder sprudeln und das Tal überfluten. Tatsächlich ist das Leinleitertal dann nur mit Gummistiefeln begehbar oder man kriecht an den Hangkanten entlang.

Heute ist es aber trocken und sonnig. Links und rechts steigen sanft die Magerwiesenhänge des Tales

Durchs Leinleitertal

auf, oberhalb von Buchen- und Nadelwald. In einer weiten Kurve unterhalb des Heroldssteines finden wir den **Großen Tummler** ❹ (auch ausgewiesen durch ein Holzschild). Über Geröll und Steine arbeiten wir uns bis zur schmalen Höhlenöffnung vor.

„Tummler" ist ein Begriff aus der Karsthydrologie. Damit werden Quellaustritte bezeichnet, die jahrelang inaktiv und staubtrocken sein können, dann aber für wenige Stunden oder Tage extreme Wasseraustritte verursachen, welche die Form von mehreren Meter hohen Fontänen annehmen können. Grund dafür ist das umliegende, wasserdurchlässige Kalkgestein. In dieser Landschaft kann Regenwasser sich nicht auf den Hochflächen halten. Es sickert durch Spalten und Klüfte bis zum Karstwasserspiegel, fließt

> Irrtümlich werden die Tummler oft als „Hungerbrunnen" bezeichnet. Hungerbrunnen sind zwar ebenfalls periodisch aktive Quellen, weisen aber eine gleichmäßige ruhige Aktivität auf, wie der Trainmeuseler Brunnen (siehe Entschleunigungstour 16).

Leinleitertal

Für die Seele

Auf dem Burgstall Heroldstein genießen wir die Einsamkeit und Ruhe.

Erfrischungstour 20

in unterirdischen Höhlensystemen weiter, um dann als Quelle auf Flussniveau auszutreten. Sammelt sich in kurzer Zeit zu viel Wasser in den Hohlräumen, kann es durch den Druck als Fontäne zutage treten.

Das Geröll unter unseren Füßen wurde also vom Großen Tummler ausgespuckt. Und der mit Steinen übersäte Wanderweg von einem reißenden, periodisch aktiven Fluss geformt.

Die Bevölkerung glaubte früher, die plötzlichen Wasserfontänen würden von der Flossenbewegung eines Riesenfisches ausgelöst, der im Inneren des Berges lebt.

Zur Fontänenbildung kommt es bei den Tummlern heutzutage leider nicht mehr – Höhlenforscher haben bei ihren Untersuchungen die kleine Austrittshöhle so erweitert und ausgeräumt, dass nicht mehr genügend Wasserdruck entsteht.

Rund 50 Meter weiter des Weges verbirgt sich der **Kleine Tummler** ❺. Übrigens verstecken sich auch zwi-

Im Frühjahr hüllen sich die Hecken ins zarte Weiß des Schwarzdorns. Der Strauch blüht, bevor er grüne Blätter treibt und ist so eine der ersten Bienenweiden des Jahres. Im Spätsommer sind die blaubereiften Früchte ein begehrter Wildtiersnack.

Herbstzeitlose

Durchs Leinleitertal

Blick vom Heroldstein

schen der Leinleiterquelle und dem Großen Tummler noch mindestens ein bis zwei Tummlerwinzlinge an den Felswänden. Geologisch sehr Interessierte können sich durchaus erfolgreich auf die Suche machen.

Das Tal verflacht und der Grünring weist uns nach rechts den Hang hinauf Richtung Höhenpölz. Wir erreichen die Hochebene, biegen auf Sichtweite des Dorfes nach rechts ab und verschwinden im lockeren Kiefernwald. Der Weg beschreibt einen Schlenker Richtung Leinleitertal. Wir finden uns auf einer fast baumlosen Freifläche wieder, die eine weite Sicht nach Norden und Westen über die Flächenalb ermöglicht. Im mageren Schatten einer Kiefer steht eine Ruhebank, die Felsriffe an der Hangkante sind aber reizvoller für eine kleine Pause. Magerwiesen und Felsspaltenvegetation umgibt uns wie Küchenschellen, Frühlings-Fingerkraut und Ackersternmiere.

Wir befinden uns auf dem **Burgstall Heroldstein** 6, einer hochmittelalterlichen, abgegangenen Höhen-

Als Saft, Sirup, Likör oder Gelee sind Schlehen eine echte Delikatesse. Die „betäubende" Wirkung verlieren sie nach den ersten Nachtfrösten, danach werden sie süßer. Wir beschleunigen diesen Vorgang, indem wir unsere Ernte bis zur Verarbeitung ins Gefrierfach legen.

burg. Ein Burggraben und überwachsene Mauerreste sind bei genauem Suchen noch erkennbar, mehr nicht. Erstmals urkundlich erwähnt wurde die Burg im 14. Jahrhundert, wahrscheinlich war sie viel älter.

Wir folgen dem Grünring über die Hochebene und erreichen die Verbindungsstraße Brunn–Oberleinleiter. Hier verlassen wir den Grünring, gehen die Landstraße ein Stück links entlang und biegen dann mit dem „Grünstrich" rechts zwischen den Feldern ab. In der Ferne sehen wir Schloss Greifenstein weiß und winzig leuchten.

An einer scharfen Rechtskurve liegt links das Naturdenkmal Basaltbrüche ❼. Vor uns klaffen zwei unspektakuläre Löcher im Boden, fast zugewachsen. Was ist hier so besonders? Bei genauem Hinsehen ist das Gestein deutlich dunkler und glatter als der heimatliche grauweiße Dolomit. Ein Schild klärt auf: vor rund 31 Millionen Jahren brach hier ein kleiner Vul-

Basaltbruch

Kreuzfelsen

Durchs Leinleitertal

kan aus, der die verschiedensten Gesteine ausspuckte, u. a. Basalte. Diese beiden kleinen Steinbrüche bilden das einzige Basaltvorkommen in der gesamten Frankenalb.

Ordentlich beeindruckt wandern wir weiter zum Kreuzfelsen 8, der sich über Oberleinleiter erhebt und einen ähnlich schönen Fernblick ermöglicht wie der Burgstall Heroldstein. Besonders bei Sonnenuntergang ist es hier oben sensationell, ein Logenplatz ohnegleichen.

Als Nächstes steigen wir auf einem schmalen Pfad abwärts nach Oberleinleiter, d. h. den Grünstrich lassen wir alleine gen Norden laufen und wechseln auf einen Lehrpfad, der erst einen größeren Forstweg quert und bei den letzten Häusern auf eine asphaltierte Straße trifft. Wir gehen nicht rechts Richtung Heroldsmühle, sondern erst mal links Richtung Hauptstraße und Gasthof Ott.

Von dort zählen wir auf der anderen Straßenseite drei Häuser ab und biegen zwischen dem dritten und vierten Gebäude, einem Bauernhaus von 1547, wie ein Schild verrät, ab. Ein Holzsteg überquert die Leinleiter, dahinter plätschert bereits verheißungsvoll ein

Erfrischungstour 20

wenig bekanntes, weil sehr verstecktes Naturwunder. Im Osthang des Kühmetzenknock entspringen mehrere Quellen, die auf ihrem Weg zur Leinleiter Kaskaden und Treppchen aus Kalktuff ❾ bilden. Ein Phänomen, dem wir auch bei den Sinterstufen der Lillach (Tour „Frühlingserwachen") begegnen.

Die erlebnis- und abwechslungsreiche Tour lassen wir im Gasthof Ott ❿ bei fränkischer Küche und hausgebrautem Bier ausklingen. Unser Rückweg zum Wanderparkplatz ist gut ausgeschildert. Erst laufen wir zum Ortsende hinaus, ein paar Meter aufwärts (Richtung Brunn), um dann auf einen Feldweg abzubiegen, der entlang der Leinleiter-Wiesenlandschaft und über eine kleine Brücke zurück zum Parkplatz verläuft.

Alles auf einen Blick

WIE & WANN:
Überwiegend breite, gut ausgeschilderte Wege. Vom Kreuzfelsen nach Oberleinleiter schmaler Pfad, dann etwas Straße. Ganzjährig schön, vor allem aber gegen Winterende nach starken Regenfällen, wenn die Quellen sprudeln. Dann empfiehlt es sich, Gummistiefel zu tragen.

HIN & WEG:
Auto: Wanderparkplatz an der St2187 in der Linkskurve zwischen Oberleinleiter und Tiefenpölz, 91322 Heiligenstadt (GPS 49.890801, 11.127492)
ÖPNV: Bus 975 von Hollfeld und Ebermannstadt bis Oberleinleiter

ESSEN & ENTSPANNEN:
Brauerei Gasthof Ott ❿ Oberleinleiter 6, 91332 Heiligenstadt, Tel. (0 91 98) 2 71

ENTDECKEN & ERLEBEN:
Heroldsmühle ❶ Heroldsmühle 3, 91332 Heiligenstadt
Leinleiterquelle ❷
Trockental ❸
Großer Tummler ❹
Kleiner Tummler ❺
Burgstall Heroldstein ❻
Basaltsteinbruch ❼
Kreuzfelsen ❽
Kalktuffwasserfall Oberleinleiter ❾

Entspannung ✸✸✸✸✸
Genuss ✸✸✸✸✸
Romantik ✸✸✸✸✸

Die GPS-Daten zu jeder Tour gibt es auf
www.droste-verlag.de

© 2021 Droste Verlag GmbH, Düsseldorf
Konzeption/Satz: Droste Verlag, Düsseldorf
Einbandgestaltung: Britta Rungwerth, Düsseldorf, unter Verwendung von Bildern von
© Fotolia.com: Andrey Kuzmin, undrey, dabost, niroworld; © sutthinon602 - stock.adobe.com
Fotos: Daniela Reisch, außer:
Adobe Stock: S. 56 (© schulzfoto), S. 90 (© Animaflora PicsStock), S. 141 (© AIDAsign),
S. 146 (© Lichtblick), S. 158 (© fotografci), S. 174 (© dina); **Kerstin Riemer:** S. 1, S. 26, S. 62, S. 65;
https//commons.wikimedia.org: CC BY 3.0: Derzno: S. 9 („Kleiner Lochstein 01"), S. 21 („Vogelherdgrotte 04"),
S. 57 („Ehrenbürg 05"), S. 157 („Thuisbrunner Bach 04"); **Mikmaq:** S. 143 („Kuchenmühle (Wiesenttal) 02");
CC BY-SA 3.0: Asio otus: S. 41 („Pottenstein-Burg1-Asio"); **Alma:** S. 98 („2010 Juraelefant Frankische
Schweiz"); **Benreis at Wikivoyage shared:** S. 170 oben („Die Wiesent ist der Hauptfluss der Fränkischen
Schweiz und entspringt in Steinfeld, einem Ortsteil der Gemeinde Stadelhofen"); **Chianti:** S. 184
(„Heroldsmühle 2016 md"); **Michael Fiedler:** S. 59 („Blick vom Rodenstein"); **Gliwi:** S. 113 („Klaussteinkapelle
im Herbst"); © **Freak-Line-Community / Wikimedia Commons:** S. 30 („Stempfermühlquelle");
Frank Meitzke: S. 149 („Druidenhain4"); **Trollhead:** S. 64 („Adelgundiskapelle Südansicht"),
S. 179 („Schrepfersmühle"); **CC BY-SA 4.0: PeterBraun74:** S. 11 („Großer Lochstein 2019 xy7"); **Pascal Dihé /
www.dihe.eu:** S. 148 („474R087 - Druidenhain 1"); **Derzno:** S. 29 („2015_Burg_Gaillenreuth_01"), S. 70
(„2015 Ruine Neideck 06"), S.72 („2015 Ruine Neideck 01"), S. 124 („Noristörle 01"), S. 130 („2016 Knopfstein
02"), S. 131 („2016 Bärnfelsen 04"), S. 134 unten („2016 Pitztal 01"), S. 150 („2015 Trainmeuseler
Brunnen 01"), S. 165 („2015 Paradiestal 16"); © **Derzno (via Wikimedia-Commons):** S. 26/27
(„2016 Esperhöhle Panorama 1"); **ermell:** S. 25 („Gößweinstein-Burg-und-Basilika-P5224761"),
S. 44 („Quackenschloss-Aussicht-1270095-PS"), S. 48 („Hohes-Kreuz-Aussichtsturm-P7038846"),
S. 151 („Birkenreuth-Easter fountain-P4194405hdr"); **Immanuel Giel:** S. 177 („Radfahrerstatue Kleinziegen-
feld 01"); **GlockiGlocksen:** S. 4 („Walpurgis Kapelle am Abend"); **Reinhold Möller:** S. 85 („Weißenohe
Kloster 9302118"), S. 140 („Doos Aufseß Wasserfall-20200308-RM-154138"); **Trollhead:** S. 166
(„Paradiestal – Langerstein"), S. 167 („Paradiestal – Parasol"); **CC0: Sven-12:** S. 80 („Burgstall Hainburg01"),
S. 100 („Burgruine Wildenfels11"), S. 103 („Burgstall Strahlenfels01"), S. 112 („Ludwigshöhle (B 26) 01"),
S. 114 („Schneiderloch (B 25) 01"), S. 125 („Cäciliengrotte bei Hirschbach (A 9) 005"), S. 134 oben
(„Burgruine Leienfels01"); **Public Domain: Markus Bärlocher:** S. 118 („Norissteig Mittelbergwand Gipfel");
Sven-121: S. 93 („Burg-Hohenstein,Ansicht1")

Karten: Thorsten David, Bochum
Druck und Bindung: LUC GmbH, Greven

Alle Angaben in diesem Buch wurden sorgfältig recherchiert und geprüft. Für die Richtigkeit der
Angaben, für etwaige Unfälle und Schäden jeglicher Art kann keine Haftung übernommen werden;
die Nutzung erfolgt auf eigenes Risiko. Abweichungen, die nach Redaktionsschluss erfolgten,
konnten nicht mehr berücksichtigt werden. Hinweise und Änderungen nehmen wir gern entgegen.

ISBN 978-3-7700-2247-2
www.droste-verlag.de